Factores fundamentales
del liderazgo

El Dr. Granados magistralmente lleva a los lectores a conocer los aspectos prácticos del liderazgo cristiano. El conocimiento e implementación de los conocimientos ofrecidos en este libro será útil para todo aquel que lidera su familia, iglesia y comunidad.

DR. NELSON CRUZ
PROFESOR DE LIFE PACIFIC UNIVERSITY Y EVANGEL UNIVERSITY,
LOS ÁNGELES, CA.

Escrito con profunda sabiduría, claridad y orden, en *Factores Fundamentales del Liderazgo* el Dr. Arnoldo Granados echa mano de su experiencia; y basándose en principios sólidos, integra valiosas lecciones de liderazgo para el cristiano contemporáneo. Todo con el fin de que este conocimiento sea relevante y aplicable a situaciones reales.

JOSHUA PINTO, DOCTOR *HONRIS CAUSA*, MASTER IN ARTS, VANGUARD UNIVERSITY, COSTA MESA, CA.
SENIOR PASTOR FARO CHURCH, IRVINE, CALIFORNIA.

Factores fundamentales del liderazgo, es una obra ampliamente documentada en la cual el Dr. Granados ha plasmado su experiencia, no solo como investigador sino como pastor. Este libro será de gran utilidad para todo aquel que desea tener una definición clara, bíblica, teológica y pastoral del liderazgo.

DR. MARIO SALAMANCA
PROFESOR DEL ASSEMBLIES OF GOD THEOLOGICAL SEMINARY;
DIRECTOR DE EDUCACIÓN CRISTIANA, SOUTHERN PACIFIC DISTRICT, AG.,
LA PUENTE, CA

Factores fundamentales del liderazgo es un libro inspirador y con una visión 20/20 de raíces profundas, que resalta la autenticidad de un líder modelo. Contiene abundantes conocimientos que ayudarán a los líderes a desarrollar eficacia, destreza y fuerza en medio de los grandes desafíos del siglo XXI. Contiene temas completos de conocimientos probados que ayudarán a los líderes a cumplir con estructura, motivación, carácter y espiritualidad la Gran Comisión.

LEONARDO J. MARTÍNEZ, BTH, SENIOR PASTOR DE PAN ABUNDANTE CHURCH, LOS ALISOS, CA.

En esta importante obra, el pastor Dr. Arnoldo Granados aborda temas que desafían a los líderes a mejorar en las áreas más importantes y esenciales de su liderazgo. Agradezco a Dios por la vida del Dr. Granados, mi mentor; quien ha sido de influencia en mi vida espiritual, familiar y ministerial. Estoy seguro de que este libro causará una transformación en las vidas de los líderes de todas las generaciones hoy.

BENJAMÍN SÁNCHEZ, MDIV, PROFESOR DEL LATIN AMERICAN BIBLE INSTITUTE [LABI] Y DEL LATIN AMERICAN THEOLOGICAL SEMINARY [LATS], LA PUENTE, CA.

Factores Fundamentales del Liderazgo

Dr. Arnoldo Granados
Editado por Eliud A. Montoya

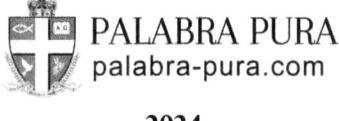

2024

Factores fundamentales del liderazgo
Copyright © 2024 por Arnoldo Granados
ISBN: 978-1-951372-49-1
Paperback/pasta blanda

Las citas bíblicas de esta publicación han sido tomadas de la Reina Valera
1960 ™. © Sociedades Bíblicas en América Latina, 1960. Derechos renovados 1988, Sociedades Bíblicas Unidas. Utilizado con permiso.

A reserva de algunas citas breves en libros, artículos y críticas literarias (mencionando la fuente), ninguna parte de este libro puede ser reproducida en ninguna forma por medios mecánicos o electrónicos, incluyendo almacenaje de información y sistemas de reproducción sin permiso previo por escrito del editor.

Apreciamos mucho HONRAR los derechos de autor de este documento y no retransmitir o hacer copias de este en ninguna forma (excepto para el uso estrictamente personal). Gracias por su respetuosa cooperación.

Diseño del libro: Editorial Palabra Pura
www.palabra-pura.com

RELIGIÓN/ Liderazgo

Impreso en los Estados Unidos de América
Printed in the United States of America

Contenido

Prefacio / xiii
Prólogo / xv
Introducción / 1

Capítulo 1. El liderazgo cristiano /5
    I. Un don del Espíritu Santo / 6
    II. ¿Cómo saber si soy un líder? / 9
    III. Quien ha recibido el don de líder debe desarrollarlo / 10

Capítulo 2. Los diversos estilos de liderazgo / 14
    I. Dos estilos de liderazgo que han sido llamados «clásicos» / 14
    II. El liderazgo situacional / 16
    III. Evolución de las teorías y modelos de liderazgo / 18
    IV. Estudios recientes de Harvard de los estilos de liderazgo / 20
    V. Maneras de identificar tu estilo de liderazgo / 23
    VI. El liderazgo de servicio / 25

Capítulo 3. Características positivas del líder / 29
    I. Posee agilidad y consistencia / 30
    II. Aprende a mantener sus emociones en control / 31
    III. Cuida sus modales / 33
    IV. Hace preguntas pertinentes / 34
    V. Invita a la retroalimentación / 36
    VI. Da a los demás la oportunidad de tener gloria / 38
    VII. El carácter del líder cristiano / 40

Capítulo 4. Características negativas del líder / 44
    I. ¿Por qué los líderes negativos son atractivos? 45
    II. Los líderes negativos son narcisistas / 47
    III. Los líderes negativos alimentan la amargura / 47
    IV. La ceguera del anhelo de poder: la subversión / 49
    V. La hipocresía les es inherente / 51
    VI. No saben ni tienen interés en delegar / 52
    VII. Carecen de suficiente disciplina personal / 53
    VIII. Tienden a manipular / 54
    IX. Son eminentemente egoístas / 56

Capítulo 5. Prioridades del liderazgo cristiano /60
    I. La importancia de establecer prioridades / 60
    II. Cómo establecer prioridades / 61
    III. Cristo y el establecimiento de prioridades / 63

    IV. Las prioridades en base a lo que tenemos hoy / 64
    V. La prioridad de Dios y la prioridad del líder cristiano / 65
    VI. Las prioridades del líder cristiano en su devoción y vida / 66

Capítulo 6. Los peligros del liderazgo cristiano / 74
    I. Los peligros del liderazgo en general
       y del liderazgo espiritual / 75
    II. Las tres tentaciones de Nouwen / 82
    III. Los peligros descritos por el apóstol Pablo / 88

Capítulo 7. El perfil del líder que Dios usa / 91
    I. Es dirigido por el Espíritu Santo / 92
    II. Plantea las preguntas correctas / 94
    III. Define «buena vida» correctamente / 96
    IV. Tiene claro su propósito en la vida / 99
    V. Un ejemplo en el liderazgo de David / 101

Capítulo 8. El líder comprometido con el prójimo / 109
    I. Cristo Jesús se hizo como nosotros / 109
    II. Jesús puso su relación con Dios en primer lugar / 113
    III. Jesús amó a su prójimo como a sí mismo / 116
    IV. Jesús se dedicó a predicar el evangelio / 121

Capítulo 9. Conoce tu máximo potencial como líder / 127
    I. Conócete a ti mismo / 128
    II. Conoce a los demás / 140

Capítulo 10. El líder y la solución de conflictos / 146
    I. Mantener los conflictos al mínimo / 147
    II. Manejo de las emociones en los conflictos / 151
    III. Manejo de un conflicto con un colega / 157
    IV. Estrategias para la resolución de conflictos / 164

Conclusión / 169
Bibliografía / 171
Glosario / 177
Index / 183

Dedicatoria

Con profundo sentimiento de respeto y ternura,
dedico esta obra a la pastora Dra. Magda L. Granados, compañera
amada por más de 40 años, quien ha pasado a estar a la presencia del
Señor. Ella siempre me motivó a realizar este proyecto, no alcanzó a verlo
terminado; pero hoy quiero honrarla. Ella fue para mí una mentora personal
y esposa admirable; y para el Centro Cristiano Internacional, una
gran líder y excelente organizadora. También una gran madre,
abuela y bisabuela. Ella nos deja un gran legado
y siempre la llevaremos en el corazón.

Agradecimientos

En primer lugar, expreso mi gratitud a Jesucristo, mi amado Salvador, modelo único e incomparable de liderazgo. *Gracias Cristo, por enseñarme con tus hechos y palabras el modelo perfecto de liderazgo.*

A la pastora Dra. Magda L. Granados, quién con su estilo de liderazgo y ejemplo, marcó mi vida —y la de muchos otros—, cumpliendo así la misión que Dios le dio en esta tierra. Su legado es indeleble.

A todos aquellos profesores, consiervos, maestros y amigos que con sus vidas y conocimientos permearon en mí los valores y principios de un liderazgo eficaz; junto con los escritores, productores de literatura actualizada, práctica y científica en el arte de liderar, los cuales han sido una fuente de inspiración en el hábito del aprendizaje continuo.

Al Centro Cristiano Internacional, la iglesia que he pastoreado por más de 30 años, pues en ella he puesto en práctica las ideas expuestas en este libro.

Una vez más, mi especial reconocimiento y gratitud al talentoso editor de esta obra, el master Eliud A. Montoya, quien, gracias a sus extensos conocimientos y destrezas en este campo, ha hecho de este proyecto una obra maestra; y por la editorial que él dirige con tanta excelencia, la Editorial Palabra Pura. A todos, muchas gracias.

—Pastor Dr. Arnoldo Granados

Prefacio

Nuestra nación, el mundo actual y el cristianismo en general sufren por falta de verdaderos y profundos líderes cristianos. Por ello, al pensar en esto, agradezco a Dios por personas como el Dr. Granados, amado hermano, colega y gran amigo; siervo de Dios, que, en conjunto con su esposa, han llevado una vida de ministerio exitoso por más de 35 años; y por este libro de texto, tan rico en sabiduría y conocimiento esencial.

Los libros que el Dr. Granados ha producido han sido y continúan siendo, una gran bendición por ser libros actualizados de temas relevantes que están llenos de la Palabra de Dios y de valor académico. Son libros de gran valía e instrucción. Y este, por supuesto, por su importancia académica y práctica, es digno de todo encomio.

Factores fundamentales del liderazgo es un libro vital para todo pastor y líder cristiano que desee crecer a pasos gigantes en el área del liderazgo. Su estudio le traerá beneficios sustanciales. Sabrá lo que los investigadores y la experiencia concluyen luego de décadas de observación y estudio; pero, sobre todo, lo que compete a las generaciones de hoy. Y esto lo digo porque el libro trata temas respecto a los estilos de liderazgo, lo que significa ser un líder cristiano lleno del Espíritu, la evolución de las teorías, los modelos que los investigadores de las universidades de prestigio han creado; las características positivas que debe tener todo líder de éxito, lo que debe evitar, lo que debe priorizar, los peligros que debe evitar, las tentaciones que habrá de tener; también habla de los ingredientes fundamentales del liderazgo cristiano, del modelo de liderazgo de Cristo Jesús, del conocimiento de uno mismo, de la resolución de conflictos en el liderazgo, entre otros muchos temas.

Cada capítulo es un análisis profundo. Un desarrollo de ideas y conceptos, un ir y venir citando con tino autores expertos, dialogando con ellos, y abriendo constantemente las Escrituras, todo en un esfuerzo evidente del autor por brindar al lector las herramientas que le sean útiles.

Muchas gracias, Dr. Granados, por la creación de tan provechoso volumen, por estos valiosos conocimientos que nos regaladas en este importante escrito. Miles de iglesias y líderes cristianos seremos transformados al estudiar este libro de texto, y el reino de Dios crecerá al tener mejores siervos y líderes capacitados en el servicio a Dios.

Todos tus lectores agradecemos también a Dios por tu vida, y también por la vida de nuestra amada pastora Magda Granados, quien recientemente ha sido trasladada a la presencia de Cristo. Ella ha vencido y nos espera a todos nosotros; siempre le recordaremos por su excelente legado de servicio ejemplar, fidelidad y liderazgo.

—Dr. Sergio Navarrete, D. Min.
Vicepresidente de la Fraternidad Mundial Hispana de las Asambleas de Dios
Director de Iniciativas Hispanas del Seminario Teológico de Asambleas de Dios
Springfield, Missouri, EE.UU.

Prólogo

En el vasto panorama del liderazgo cristiano, emerge la figura del Dr. Arnoldo Granados como un faro de sabiduría y excelencia al servicio del reino de Dios. Como colega en los caminos académicos y ministeriales, he tenido el privilegio de conocerlo, no solo como compañero de clases en la licenciatura, maestría y doctorado, sino también como un mentor ejemplar y un líder visionario en el pastorado y la docencia.

Mi trayectoria compartida con el Dr. Granados ha sido un testimonio vivo de su carácter inquebrantable, su integridad incuestionable y su profunda sabiduría arraigada en los principios eternos de la Palabra de Dios. Su pensamiento profundo y su compromiso con la formación de obreros han sido pilares fundamentales en el desarrollo de un ministerio efectivo y próspero que ha impactado vidas y transformado comunidades.

A lo largo de nuestros encuentros en las aulas y en los púlpitos, he sido testigo de la dedicación incansable del Dr. Granados por elevar los estándares del liderazgo cristiano, inspirando a otros a alcanzar nuevas alturas en su servicio al Señor. Su enfoque en la excelencia, la humildad y la pasión por la formación de líderes íntegros y capacitados ha dejado una huella imborrable en aquellos que han tenido el privilegio de ser guiados por su ejemplo y enseñanzas.

En este libro, *Factores fundamentales del liderazgo,* el lector encontrará reflejados no solo los conocimientos y la experiencia acumulados a lo largo de décadas de un ministerio fiel, sino también la esencia misma de un líder que ha sido probado en el crisol del servicio, y ha emergido como un referente de excelencia y compromiso con la causa del Evangelio. Al adentrarse en las páginas de esta obra, el lector se verá desafiado, inspirado y equipado para asumir con valentía y sabiduría el llamado divino de un liderazgo transformador en el contexto actual.

—Dr. Urías Mendoza
Vice-Superintendente del Southern Pacific Distric AG, California, EE.UU.

Introducción

La finalidad de este libro de texto es aportar las directrices generales respecto al liderazgo cristiano. El liderazgo cristiano, por supuesto, debe estar basado en la Biblia; sin embargo, me iré auxiliando también de muchas otras fuentes científicas, y de las aportaciones de las mejores universidades del mundo —información valiosa, útil y actualizada— que aportará relevancia a los temas.

Asimismo, enriqueceré el texto con algunas experiencias personales que he adquirido como pastor, así como en el ejercicio de otras posiciones de liderazgo por más de treinta y cinco años.

Estoy convencido de que el liderazgo cristiano tiene su origen en el corazón de Dios, ya que encuentro en su Palabra como Él es quién ha creado distintos ambientes en donde el liderazgo pueda desarrollarse, y cómo Él ha lanzado a estos líderes —ya sea hombres y mujeres— para impactar a generaciones enteras.

Acerca del liderazgo se han publicado una infinidad de artículos, revistas, libros, podcasts, videos, etc., y se han impartido asimismo conferencias y seminarios tanto presenciales como virtuales, en donde se habla de diversos tópicos: competencias, transiciones, carácter, ética, integridad, inteligencia emocional, estrategias, planeación, comunicación, eficiencia, productividad, balance, desarrollo de equipos, finanzas, costo/beneficio, etc., y toda esta información podría ser útil tanto para descubrir el nivel de liderazgo que hay en cada uno de nosotros, como para desarrollarlo efectivamente. Sin embargo, uno podría perderse en tanta información. La prestigiosa página Web medium.com (creada por Evan Williams, en donde escriben principalmente periodistas), publicó un artículo de N.K. Carlson en donde él afirma que se han escrito 4.8 miles de millones de libros respecto al tema del liderazgo.[1] Por tanto, este libro de texto, por su brevedad y pragmatismo, tiene la intención de ser relevante.

El liderazgo tiene que ver con gente, no solo con el desarrollo individual sino con el desarrollo de equipos. Una persona puede tener ciertas

---

[1] N.K. Carlson, "With so many leadership books, Why are there so many bad leaders", *Medium*, marzo 11, 2020. https://medium.com/swlh/with-so-many-leadership-books-why-are-there-so-many-bad-leaders-28651431cfb3 [accedido 8/6/2023].

habilidades individuales y talentos técnicos; puede ser inteligente y ser destacada en las ciencias, en las artes o incluso puede ser una persona muy ordenada y organizada en todo lo que hace. También puede ser una persona espiritual y comprometida con el Señor y desarrollar una vida disciplinada; sin embargo, siempre el liderazgo se tratará de personas, de hacer las cosas en conjunto. El líder desarrolla individuos, pero un líder de excelencia desarrolla equipos, y desarrolla líderes de equipos.

Para ser un buen líder se necesita ser creativo, continuar teniendo *expertise* (es decir, ser un experto en su área, y saber mucho más que aquellos a quienes dirige), pero, sobre todo, energizar a otros para llevar a cabo proyectos en conjunto.

En el siglo XXI el liderazgo significa ganar influencia en la arena en donde el líder se desenvuelve; manejar adecuadamente la cultura emocional de los equipos, retener el talento y motivar y desarrollar el potencial de cada uno. Debe pensar estratégicamente, tomar buenas decisiones, etc.

El verdadero líder no es uno que la gente está obligada a seguir, sino aquel que la gente desea seguir porque piensa que seguirlo le hará ser mejor persona, mejor cristiano, mejor padre, mejor hijo, mejor esposo o esposa; lo sigue porque piensa que esa persona traerá un aporte positivo a su vida; y porque piensa que ese líder es digno de serlo, por las razones que piense que merezca tal distinción.

El liderazgo cristiano se parece al liderazgo común, pues necesita resolver problemas, crear y controlar procesos, preparar presupuestos, delegar tareas, saber negociar; y se necesitan también cualidades de empatía, resiliencia y sentido de propósito. Sin embargo, el liderazgo cristiano tiene un enfoque muy especial: las cosas eternas, lo de Dios, lo esencial de la vida, pues la vida en esta tierra es tan solo una antesala de la eternidad.

En principio, este libro de texto tiene la finalidad de explicar los aspectos más prácticos de algunos conceptos claves del liderazgo cristiano en un lenguaje sencillo y claro. Para ello he condensado en diez capítulos un tema que es literalmente interminable; sin embargo, mi objetivo es desarrollar los conceptos que considero más esenciales, y en el camino, hacer un aporte —aunque sea pequeño— a este tema del que se ha escrito y publicado tanto. Deseo que este libro de texto sea de gran ayuda para todo aquel cristiano dentro de la iglesia que desea ser un líder, así como para todos aquellos que ya están ejerciendo una posición de liderazgo dentro de ella, y confío en que será una herramienta para todos los estudiantes de esta insondable materia.

En el capítulo uno hablo de la raíz del liderazgo cristiano, esto es, que es un don otorgado por Dios y de cómo una persona puede darse cuenta de ese llamado; asimismo, de cómo ella necesita desarrollar el don que ha recibido.

En el capítulo dos evalúo los diversos tipos de liderazgo auxiliándome de los estudios de diversos investigadores prestigiosos. Comienzo hablando de los estilos clásicos y de las diversas filosofías a través de los últimos dos siglos, pero luego hablo del liderazgo situacional y de algunos otros estudios recientes llevados a cabo por la universidad de Harvard; luego abordo el tema de la manera en que uno puede identificar su estilo de liderazgo; concluyo hablando del liderazgo de servicio.

En el capítulo tres hablo de las características positivas del líder, comenzando por su agilidad y consistencia; hablo de la inteligencia emocional, de la conducta que debe mantener, y del modo en que debe abordar a sus liderados: la buena comunicación entre ellos, la retroalimentación, y el reconocimiento. Termino este capítulo hablando del carácter ideal de un líder cristiano.

En el capítulo cuatro hablo de los aspectos negativos de los líderes. Hablo de los líderes narcisistas; de la amargura, de la ceguera del poder, y la hipocresía; del desinterés de los líderes negativos en delegar, de su carencia de disciplina personal, de su tendencia a la manipulación, y del egoísmo.

En el capítulo cinco abordo el tema del desarrollo de las prioridades del líder, de cómo establecer inteligentemente las prioridades, y de cómo, estas prioridades son impactadas por la Palabra de Dios en el cristiano y en el líder cristiano. Hablo de la devoción personal de líder y de sus prioridades más importantes.

El capítulo seis está dedicado a hablar de los peligros que existen en los líderes en general y en los líderes cristianos en particular. Hablo de la pérdida de autoridad, de visión y de la tentación al orgullo. En una de las secciones del capítulo comento brevemente las tres tentaciones que Nouwen menciona en uno de sus libros; y termino hablando de los peligros que son descritos por el apóstol Pablo.

En el capítulo siete defino el perfil del líder que Dios usa, y de cómo el Espíritu Santo establece y moldea su liderazgo: de las maneras como Él les guía. En este capítulo hablo en más detalle de una de las características más importantes de los líderes: su capacidad de comunicación (formulando las preguntas correctas). Asimismo, como parte importante de este tema defino lo que bíblicamente se entiende por «buena vida» (el líder que Dios usa tiene una idea clara de la verdadera satisfacción personal), y de su propósito (tanto general como específico). Este capítulo termina hablando del rey David como ejemplo de un líder que Dios usa.

El capítulo ocho define la función más importante del líder cristiano: ocuparse de hacer crecer a otros. Para ello, todo el capítulo habla de las características del liderazgo de Cristo Jesús.

En el capítulo nueve abordo otro tema fundamental: el conocimiento de uno mismo. Hablo del conocer nuestras fortalezas y debilidades, de nuestra personalidad, de la forma de entender y de aprender que cada uno tiene. De la forma en que uno puede operar mejor, de su ambiente y sistema de valores. En otra de las secciones de este capítulo ofrezco maneras probadas en que el líder puede conocer a su liderados, de la complejidad de las personas y de sus talentos.

En el último capítulo, el diez, hablo sobre el tema de la resolución de conflictos, y como ha sido mi metodología en todo este libro, aprovecho las conclusiones de los mejores investigadores a nivel mundial respecto a este importante asunto. Hablo de los tipos de conflicto, del manejo de las emociones, de la manera en que deberá resolverse un conflicto con los liderados, entre ellos, y con un colega. Abordo varias de las estrategias más congruentes y efectivas.

Sin ánimo de que este libro sea un estudio completo sobre el tema del liderazgo —lo cual sería imposible en un solo tomo—, he deseado tocar los temas más fundamentales, a fin de que este libro de texto sea efectivo en las aulas de todos aquellos que están en proceso de convertirse en grandes líderes para la gloria de Dios.

—Pastor Dr. Arnoldo Granados
Lake Forest, California, 2024

Capítulo 1
El liderazgo cristiano

«Un líder conduce a las personas a donde quieren ir. Un gran líder no las conduce a donde quieren ir, sino a donde deben estar» —Rosalyn Carter.

La gran mayoría de las personas desean crecer y ser mejores en la vida. En realidad, casi todos los seres humanos desean que su vida sea productiva y fructífera; tienen sueños y ambiciones, desean triunfar, estar en el podio, y lograr las metas que se ha trazado; no obstante, muchos no logran hacer nada (o casi nada), porque les faltó ser liderados adecuadamente.

Todo líder tiene la capacidad de crear deseos en las personas, pero estos deseos pueden llevar a sus seguidores al éxito o al fracaso. Por ello es que es tan importante que existan líderes cristianos, es decir, aquellos que inspiran en los demás el deseo de ser como Cristo; que les guíen a Jesús, el Hijo de Dios; e inyecten en ellos un deseo intenso por las cosas eternas.

Dios tiene un plan para toda persona y le ha otorgado talentos, dones y habilidades para llevar a cabo ese plan. Sin embargo, en muchas ocasiones, si no existe un liderazgo adecuado, los talentos no se ponen en funcionamiento y el plan de Dios se puede frustrar. Por tanto, un buen líder será capaz de discernir aquello para lo que cada uno ha sido diseñado, reconocerá su talento y le pondrá a jugar en la posición correcta dentro del equipo.

Cada persona es distinta y tiene distinta capacidad. El apóstol Pablo dijo que a cada uno le es otorgada de Dios una medida de fe (Romanos 12:6), y en ese mismo capítulo habla de que el cuerpo de Cristo tiene muchos miembros con distintas funciones. La Cabeza es Cristo, pero el cuerpo trabaja por equipos. Todas las funciones del cuerpo son realizadas en grupos, y todo grupo tiene un líder. Cristo quiere que cada uno cumpla con su función y desarrolle su máximo potencial, pero también desea levantar de entre los que son liderados nuevos líderes.

Cuando uno es puesto en un equipo y aporta aquello para lo que fue diseñado, puede sentirse muy bien haciendo lo que hace y a gusto al formar parte de un equipo; el sentido de pertenencia es satisfecho. Sin embargo, quizá llegue un momento en la vida, que Dios le llame para ser un nuevo líder, entonces empezará la transición.

No hay nada de malo en no ser un líder. Uno puede ser muy feliz *no* siendo líder de nadie, y quizá —al menos en apariencia— no es necesario ser líder de nadie (a reserva de nuestra propia familia), y así permanecer enfocados en ser parte de un equipo y hacer las cosas bien y con excelencia dentro de él. Sin embargo, quizá Dios desea que seamos líderes de otros. No todos serán líderes y Dios no exige que todos sean líderes; no es un pecado no ser un líder, pero si Dios le está llamado a ser un líder, o ya está ejerciendo actualmente funciones de liderazgo este manual le ayudará, pues si Dios le ha llamado a cumplir con una función de liderazgo, su trabajo ahora será navegar en un nuevo océano en donde tendrá que ejercer autoridad para ayudar a que los miembros de un equipo desarrollen su máximo potencial.

I. Un don del Espíritu Santo

La palabra *líder* no aparece en las Sagradas Escrituras, más bien este es un anglicismo (palabra que proviene del inglés-*leader*), cuya definición tiene infinidad de connotaciones. Tanto, que el experto en liderazgo Warren Bennis dice: «Hasta cierto punto, el liderazgo es como la belleza. Es difícil de definir, pero lo reconoces cuando lo ves».[2]

Un ejemplo de esta gama interminable de definiciones es la de Ruth Collins-Nakai, quien escribiendo para el McGill Journal of Medicine, define liderazgo de la siguiente manera:

> El liderazgo es una cualidad intangible. No se puede medir en ningún sentido tradicional (p. ej. en una escala o bajo un microscopio). Fundamentalmente, el liderazgo se trata de tomar riesgos. Se trata de tener el coraje de las propias convicciones; ir con la voluntad de actuar incluso frente a una poderosa sabiduría convencional o una fuerte oposición.[3]

Otra forma de definir una palabra o concepto es hablar de lo que *no* es. Liderazgo, los expertos dicen, no es gestión (administración, la función de un

---

[2] Warren Bennis, *The Leadership Advantage in Leader to Leader* (San Francisco, CA: Drucker Foundation and Jossey-Bass, Inc 1998), 1.

[3] Ruth Collins-Nakai. "Leadership in medicine". *Mcgill J Med*. 2006 Jan;9(1):68-73 https://www.ncbi.nlm.nih.gov/pmc/articles/PMC2687901/ [accedido 8/6/2023].

administrador) ni carisma (la que podría tener por ejemplo un actor de cine). Ambas cosas pueden conjugarse en el líder, pero no lo definen precisamente. Puede así haber buenos administradores que no son líderes y líderes que no son buenos administradores. Puede haber líderes carismáticos, pero también líderes que carecen de carisma.

El mismo artículo de Collins-Nakai habla de lo dicho por Noren y Kindig, autores y médicos destacados, cuando dicen:

> Liderazgo no es carisma, ni es lo mismo que gestión (aunque ambas cosas contribuyen a la práctica del liderazgo). La gestión y el liderazgo tienen dos roles distintos y ambas cosas son esenciales para el éxito de cualquier empresa. Administrar significa hacer frente a organizaciones complejas y asegurarse de que las cosas funcionen bien, que se aborden los problemas cotidianos... El liderazgo, por otro lado, implica visualizar y motivar a otros para lograr una visión específica. Requiere lidiar con el cambio, a menudo un cambio no anticipado ni planificado, ya sea que provenga de fuerzas externas (p. ej., del gobierno), o fuerzas internas (como las nuevas tecnologías médicas y los dilemas éticos resultantes, pero no anticipados).[4]

Hay también un debate entre si el líder nace o se hace, y aunque la conclusión generalizada es que ambas cosas pueden ser ciertas (aunque los líderes natos tienen que recibir también entrenamiento), lo que el cristiano sabe bien, es que el liderazgo cristiano es un don del Espíritu Santo. Hablemos entonces del liderazgo cristiano como un don del Espíritu Santo.

En este sentido, el apóstol San Pablo hace referencia al liderazgo en Romanos 12:8, mencionándolo como un don del Espíritu Santo; este versículo dice: «...el que preside, con solicitud...», en otras palabras, el que dirige, hágalo con solicitud. La palabra griega que usa San Pablo para dirigir es «gr. *proistámenos*» la cual también se puede traducir al español como *presidir*, es decir, «Ocupar el primer puesto en una junta, asamblea, consejo o tribunal; predominar, tener en una cosa principal influjo».[5]

---

[4] Ibid.

[5] S.A. Ramon Sopena, *Aristo: Diccionario ilustrado de la lengua española* (Barcelona: Ramón Sopena, 1973), 505.

Factores fundamentales del liderazgo

La Biblia en inglés King James, traduce [del griego] el versículo de la siguiente manera: *he that ruleth, with diligence* [el que gobierna, con diligencia]. La palabra griega para solicitud o diligencia es *spoudē*, la cual también significa prontitud, seriedad [seriedad en lograr algo], promover o luchar por cualquier cosa, poner toda diligencia, interesarse intensamente. Por tanto, el líder que Dios demanda es una persona que ejerce su liderazgo con seriedad, con diligencia, con prontitud en hacer las cosas, y se interesa seriamente en los demás para hacerlos crecer.

Una de mis definiciones contemporáneas favoritas acerca del liderazgo es la que nos brinda el Dr. Peter Wagner. Peter Wagner, fue una reconocida autoridad en el campo de iglecrecimiento y guerra espiritual, cofundador del World Prayer Center [Centro Mundial de Oración] y rector del Wagner Institute en Colorado Springs, Colorado. Él dijo:

> El don del liderazgo es una habilidad especial dada por Dios a ciertos miembros del Cuerpo de Cristo para traer gloria a Dios mediante la fijación y comunicación de metas en armonía con los propósitos divinos a otros, de forma que ellos trabajen juntos —voluntaria y armoniosamente— hasta alcanzarlas.[6]

Esta definición del Dr. Wagner acerca del liderazgo involucra conceptos muy interesantes y claves tales como: habilidad especial, metas, propósitos de Dios, comunicación, gloria de Dios, entre otros. También, un aspecto importante en esta definición es que las metas tienen que ser comunicadas a otras personas, de manera que se pueda trabajar voluntariamente y en forma armoniosa para cumplirlas. El concepto de Wagner está fuertemente orientado a lo que dije al principio respecto al tema del liderazgo: el trabajo en equipo. Todo en el liderazgo tiene que ver con un equipo de trabajo que es presidido por un líder diligente.

Volviendo a la Palabra de Dios, al pasaje escrito por San Pablo, y en concordancia con la definición del Dr. Wagner, creo que el liderazgo es un don impartido por el Espíritu Santo a ciertos miembros del Cuerpo de Cristo para servir, ya sea en una iglesia local o en la Iglesia universal, dirigiendo con diligencia equipos que trabajan juntos para la gloria de Dios. Así que *no* todas

---

[6] Peter Wagner, Guiando su iglesia al crecimiento: El secreto de la colaboración del pastor y su gente en el crecimiento dinámico de la iglesia (Miami, FL: Unilit, 1997), 95.

las personas tienen el don de influir en otras y dirigirlas (o encaminarlas) hacía una meta, hacer que ellas realicen alguna tarea voluntariamente o se dirijan a un destino en especial.

II. ¿Cómo saber si soy un líder?

Surge entonces una pregunta: ¿Cómo saber si soy o no un líder? En 2015, el congresista de Ohio John Boehner se hizo famoso por la frase: «Un líder sin seguidores es simplemente un hombre dando un paseo». Él estaba citando una frase dicha por John Maxwell en su libro *The 21 Irrefutable Laws of Leadership* [Las 21 leyes irrefutables del liderazgo] (1998) en donde él dice:

> Este es mi proverbio de liderazgo favorito: «El que cree que lidera, pero no tiene seguidores, solo está dando un paseo». Si no puedes influir en los demás, estos no te seguirán. Y si no te siguen, no eres un líder. Esa es la Ley de la Influencia. No importa lo que te digan los demás, recuerda que el liderazgo es influencia, nada más ni nada menos.[7]

No obstante, algunos años después de que Maxwell publicara esa frase, y algunos años antes de que el congresista Boehner la hiciera famosa, Barbara Kellerman repensó el concepto y escribió en diciembre de 2007 para el Harvard Business Review lo siguiente:

> En una era de organizaciones más planas y conectadas en red y equipos transversales de trabajadores con capital intelectual, no siempre es obvio saber quién está siguiendo exactamente a quien o quién está liderando a quien. Las relaciones jerárquicas están cambiando y surgen constantemente nuevas herramientas y enfoques de gestiones del talento.[8]

Asimismo, el J.C. McKissen, escribiendo para la revista Inc.com (conocida por su *ranking* anual de las empresas privadas de mayor crecimiento en los

---

[7] John Maxwell, The 21 irrefutable laws of leadership: Follow them and people will follow you (Nashville: Thomas Nelson, 1998), 20.

[8] Barbara Kellerman, "What every leader needs to know about followers", *Harvard Business Review*, December 2007. https://hbr.org/2007/12/what-every-leader-needs-to-know-about-followers. [accedido 8/6/2023].

Estados Unidos, llamadas las «Inc.500» e «Inc. 5000»), desafía el concepto de Maxwell —repetido por el congresista Boehner—, diciendo que los grandes líderes muchas veces, antes de serlo, tienen que ir por la vida solos, con un ideal en mente y luchando solos en contra de un sinnúmero de adversidades. Él menciona a Gandhi y Martin Luther King, Jr., como ejemplos de grandes líderes que por mucho tiempo estuvieron solos y sin seguidores, pero que lucharon hasta lograr lo que se habían propuesto; entonces fue cuando tuvieron seguidores.[9]

No obstante, es natural que un líder, para que sea líder, eventualmente tendrá quien se interese en lo que persigue y en sus ideas, y lo seguirá. Pero es esencial que el líder sepa a donde va, y qué es lo que está persiguiendo, puesto que nadie desea seguir a una persona que ella misma no sabe a dónde va, ¿usted seguiría a alguien que no sabe a dónde va? creo que la respuesta lógica es no. Aunque hay ciegos guías de ciegos, como dijo el Señor (Mateo 15:14), y ambos caerán en el hoyo.

III. Quien ha recibido el don de líder debe desarrollarlo

Dicho lo anterior, puedo afirmar que un líder cristiano tiene un don otorgado por el Espíritu Santo —pues el don de presidir es una gracia del Espíritu—, e implica estar al frente de otros e influenciarlos. Este, como todos los dones dados por el Espíritu, se otorga de manera soberana; y después de que alguien lo ha recibido, deberá activarlo y desarrollarlo.

Dios conoce el potencial de cada uno, y Él se encarga de entrenar apropiadamente a aquellos que ha escogido para que lleven adelante su reino. El entrenamiento del Señor siempre incluirá pruebas; el siervo de Dios es probado. En ocasiones estas pruebas pueden ser largas, posiblemente de años, antes de que él o ella esté listo para aquello a lo que Dios desea que haga; en este sentido, el liderazgo cristiano *se gana*.

El don de liderazgo obliga a una persona a no ser un simple espectador, y esta se ve a sí misma como un protagonista, participando activamente, buscando nuevos retos, nuevas alternativas, y a la vez, planificando las

---

[9] J.C. McKissen, "Why being a leader can mean going it alone: Sometimes leadership can be a very lonely walk", *Inc.com*, Oct. 25, 2016. https://www.inc.com/dustin-mckissen/what-do-you-call-a-leader-without-followers-you-call-them-a-leader.html (accedido 8/8/2023).

respectivas estrategias para alcanzar nuevos horizontes. El líder cristiano es el tipo de persona que renuncia al conformismo, siempre está en búsqueda de nuevos desafíos, de metas, y se fija objetivos claros para sí mismo como líder, o bien, para la organización que representa. Este siempre busca la manera de superarse al tiempo de estar continuamente ayudando a otros para que estos lleguen al nivel a donde ellos necesitan estar. Pero a ese nivel él debe haber llegado primero, pues no podrá llevar a alguien a un nivel en donde él mismo todavía no llega; por tanto, el líder deberá ir delante, excediendo el nivel de conocimiento y experiencia de sus seguidores.

Las motivaciones del líder cristiano jamás deben ser egoístas, ni atizadas por un hambre de poder; antes bien, este deberá ser una persona noble y humilde, la cual habrá de esperar que el Señor sea quien le exalte y promueva. Por ello, este deberá ser honesto, evitando hacer uso de artimañas e influencias personales para avanzar en posición, fama o reconocimiento. El líder cristiano que agrada a Dios es aquel que ejerce sus funciones con un espíritu de servicio; con autoridad, sí, pero con humildad.

Si echamos un vistazo al panorama bíblico, este nos revelará que el Espíritu Santo empoderó con atributos y dones aptos para el liderazgo a personas que antes no poseían habilidades ni cualidades especiales para ello. También en los personajes bíblicos podemos notar que ningún liderazgo poderoso resultó de la noche a la mañana, y hubo para cada caso un trato de Dios. No obstante, cada caso es distinto; pues he visto líderes que naturalmente poseen rasgos propios del liderazgo y que Dios, desde su nacimiento, les ha provisto con cualidades para ser líder. Pero también, he visto que otros líderes surgen simplemente debido a una necesidad, a una situación de urgencia en la que Dios les ha llamado a envolverse y donde han tenido la oportunidad de servir. En este último caso, ellos no tenían la intención de ser líderes, e inclusive, siempre se negaron a serlo, pero luego se convencieron de que era Dios mismo quien les estaba llamando, y el llamado prevaleció. Este fue el caso, por ejemplo, de Moisés y de Gedeón.

Si usted posee el don de liderazgo (de presidir) —dado por el Espíritu—, entonces usted tiene que saber que este don, como todos los dones, conlleva responsabilidades. Una de estas responsabilidades es que usted desarrolle su don al máximo. Una manera de desarrollar su don de liderazgo es aprendiendo más y mejores maneras de liderar (mayormente en la sociedad compleja en que

Factores fundamentales del liderazgo

hoy vivimos). Al respecto, el Dr. Peter Wagner afirma que usted puede ser un líder más fuerte al tomar el entrenamiento apropiado.[10]

El escritor J. Oswald Sanders, hablando acerca del adiestramiento del que estoy hablando, dice:

> Pero una investigación más detallada generalmente revela que la selección no fue accidental sino, una vez más, el resultado de un adiestramiento oculto, el cual hizo que la persona fuese idónea para el liderazgo. José es un ejemplo perfecto de esto. Llegó a ser el primer ministro de Egipto mediante circunstancias que la mayoría de las personas llamarían «un golpe de suerte». De hecho, su promoción fue el resultado de trece años de adiestramiento oculto y riguroso bajo la mano de Dios.[11]

Este adiestramiento deberá lograse de varias maneras. Quizá la más sencilla de ellas será adquirir conocimiento respecto al tema de liderazgo. Para ello, existen un ramillete de maneras: el entrenamiento persona a persona, en un salón de clases dentro de la iglesia local, en un seminario teológico en donde se impartan cursos de liderazgo, o asistiendo a cursos fuera de la iglesia local impartidos por instructores capacitados en la materia. También existen libros especializados, videos, audiolibros, páginas web, podcasts, y programas universitarios como los impartidos por Edx.com, por ejemplo.

Consecuente con todo esto, considero que la práctica es siempre indispensable, pues es en el campo donde usted demostrará si tiene o no «madera» de líder. El Dr. Michael Youssef lo expresa de esta manera: «Cuando alguien afirma que es un líder, tiene que demostrar que lo es. Necesita que los otros digan: "Sí, esta persona es un líder"».[12]

Pero no todos los líderes son iguales, y cada uno poseerá un estilo diferente de liderar; de esto estaré hablando en el capítulo siguiente: los estilos de liderazgo.

---

[10] Wagner, 112.

[11] J. Oswald Sanders, *Liderazgo Espiritual* (Grand Rapids, MI: Editorial Portavoz, 1995), 27.

[12] Michael Youssef, *Liderazgo al Estilo de Jesús* (Barcelona: Editorial Clie, 2008), 11.

Resumen del capítulo 1

1. Es necesario tener un liderazgo adecuado para lograr metas en la vida y desarrollar los dones y las habilidades que una persona ha recibido de Dios. 2. Toda persona necesita estar colocada en aquello para lo que fue diseñado y formar parte de un equipo. 3. No todos serán líderes y Dios no exige que lo seamos. 4. Existen diversas definiciones de liderazgo, pero tú puedes reconocerlo cuando lo vez. 5. El liderazgo no es tener carisma, ni es lo mismo que gestión (administración). 6. El liderazgo implica lidiar con el cambio. 7. Los expertos dicen que los buenos líderes nacen y se hacen, pero los líderes cristianos han recibido su liderazgo como un don del Espíritu Santo. 8. Tú sabes que eres líder cuando tienes seguidores; sin embargo, en el mundo actual no siempre es obvio saber quién está siguiendo a quien. 9. Muchos de los que hoy son grandes líderes tuvieron que ir solos por la vida, con un ideal en mente y luchando solos. 10.Nadie desea seguir a una persona que no sabe a dónde va. 11. Un líder es quien influencia a otros, pero su liderazgo debe ser activado y desarrollado.12. El entrenamiento de Dios en el liderazgo incluirá pruebas, y estas pruebas pueden prolongarse años. 13. El líder cristiano renuncia al conformismo, siempre está en búsqueda de nuevos desafíos, y se fija objetivos claros para sí mismo y para el equipo que representa. 14. El buen líder es aquel que siempre está buscando que otros desarrollen su máximo potencial. 15. Los buenos líderes no son creados accidentalmente, sino mediante un adiestramiento (normalmente oculto) que los va perfeccionando. 16. Independientemente del entrenamiento que cada persona tiene, el resultado será distinto dependiendo del estilo de liderazgo que cada líder ejerza.

Capítulo 2
LOS DIVERSOS ESTILOS DE LIDERAZGO

«No busques ser alguien de éxito sino busca ser alguien valioso: lo demás llegará naturalmente» —Albert Einstein.

Dios hizo a todos los seres humanos distintos; asimismo, también no puede haber dos líderes totalmente iguales, y cada uno tiene su propia manera de dirigir, y su propia manera de ejercer el liderazgo. En este punto cada líder debería de conocer más sobre el tipo de liderazgo que ejerce, e investigar sobre los distintos tipos de liderazgo que más se acomodan a su personalidad; y este conocimiento podría mejorar notablemente su labor. Además, el liderazgo está marcado por otros factores externos a su persona, tales como el lugar donde lo ejerce, las costumbres de la gente en donde sirve, su cultura, el nivel socio-económico de las mismas, etc.

I. Dos estilos de liderazgo que han sido llamados «clásicos»

He podido observar, a través de los años, algunos liderazgos que son ejercidos pobremente, algunos de ellos tienden a fracasar, a desaparecer o sencillamente tienden a perder la frescura de sus inicios. Muchas veces he visto personas que, por falta de información o de recursos —los cuales no están a su alcance—, o bien, simplemente por falta de interés por superarse, no logran tener el liderazgo para el que fueron diseñados por su Creador. Dentro del extenso conocimiento del tema del liderazgo, una de esas partes, es la del conocimiento de los diferentes tipos de liderazgo que existen y cómo estos pueden o no ejercerse de acuerdo al tipo de trabajo que se está desempeñando. Si estudiamos las cosas positivas y negativas de cada estilo, podemos, con la ayuda del Señor, esforzarnos por aminorar al máximo las cosas negativas.

Hasta hace algunas décadas, se reconocían principalmente dos estilos de liderazgo a los que se les llamaba comportamientos «clásicos de liderazgo». Estos estilos de liderazgo eran vistos como significativamente efectivos.

En primer lugar, estaba el liderazgo autocrático o autoritativo. En este estilo de liderazgo el líder era el único que tomaba las decisiones, y él o ella mantenía el poder de acción. En el segundo tipo, el liderazgo democrático era aquel en el que las decisiones eran efectuadas por el grupo.

Respecto a estos dos estilos «clásicos», los investigadores Vugt, Jepson, Hart y De Cremer realizaron un estudio en 2004 que demostró que el estilo de liderazgo autocrático traía un efecto desestabilizador a largo plazo, pues en su estudio, más miembros del grupo bajo su liderazgo abandonaron su liderazgo en comparación con el líder de estilo democrático, y esto fue independiente de si recibieron o no resultados personales favorables del grupo y de su líder.[13]

Ya para entonces, en el 2004, el estilo de liderazgo autocrático demostraba ser un estilo obsoleto de liderazgo; mientras que el democrático tenía mayor prestigio. Para tener una mayor comprensión del estilo de liderazgo autocrático, a continuación, presento algunas características distintivas:

1. Posee un carácter dominante.
2. Toma decisiones sin consultar con los otros miembros del equipo.
3. Se asegura de mantener el control total en el grupo, sus seguidores son simplemente oyentes.
4. Las vías de comunicación solo se dirigen en una sola dirección, desde él hacia los demás (no hay retroalimentación).
5. Alimenta la dependencia hacia su persona (sin él no se puede hacer nada).
6. Él o ella es el foco de atención.
7. Le interesa solo los resultados, no las personas.
8. Es el único que determina las metas y las políticas del grupo.
9. Promueve y mantiene pobres relaciones humanas.
10. El resultado de todo lo anterior es frustración y enojo en el equipo.

Respecto al estilo de liderazgo democrático, este tiene las siguientes características:
1. Es participativo en compartir el poder con el equipo.

---

[13] M. Van Vught, S.F. Jepson, C.M. Hart, D. De Cremer, "Autocratic leadership in social dilemmas: a threat to group stability", Journal of Experimental Social Psychology, Vol. 40, fascículo 1, enero, 2004, 1-13.
https://www.sciencedirect.com/science/article/abs/pii/S0022103103000611?via%3Dihub (accedido 8/15/2023).

2. Es una persona incluyente, escucha y apoya opiniones y decisiones del grupo.
3. Provoca un buen ambiente para el trabajo en equipo.
4. Confía en las demás personas.
5. Impulsa y empodera para que otros tengan oportunidad de liderar.
6. Busca la manera en que se mantengan sanas las relaciones del equipo.
7. Se asegura de que aun sin su presencia, el grupo continuará adelante.

No obstante, aunque ambos estilos de liderazgo podrían tener su aplicación efectiva dependiendo de las circunstancias, ni uno ni otro es realmente efectivo a largo plazo. Ciertas circunstancias pueden favorecer un estilo u otro de liderazgo, y puede funcionar bien para lograr los fines de la colectividad, y resultar en beneficioso. Es decir, unas circunstancias críticas harán conveniente que se ejerzan algunas características del liderazgo autocrático a fin de lograr las metas establecidas; mientras que, en ciertas circunstancias críticas, para mantener la cohesión del grupo, será necesario el uso del liderazgo democrático. Ni uno ni otro necesariamente son mutuamente excluyentes. Esto da lugar a examinar brevemente el concepto acuñado por Hersey y Blanchard, que se verá en la siguiente sección.

II. El liderazgo situacional

Lo comentado anteriormente favorece el concepto creado por el Dr. Paul Hersey y Kenneth Blanchard al que ellos llamaron *liderazgo situacional*. Al explicar ellos el concepto, ellos dicen que no existe un «mejor» estilo de liderazgo, sino que el «mejor» estilo depende de la situación: de la tarea que se está realizando y del tipo de equipo que se tiene. Los mejores líderes —dicen ellos— sopesan las distintas variables que afectan la situación y entonces eligen el tipo de liderazgo apropiado; el líder debe ajustar sus técnicas de acuerdo a quienes lidera y a sus habilidades.

El concepto fue primero acuñado por Blanchard y Hersey en 1969, cuando publicaron un libro que se ha vuelto un clásico del tema de liderazgo: *Management of Organizational Behaviour*. Después de esto, los autores han publicado varias ediciones actualizadas, la última se publicó en el 2012 (la 10a. Edición), y se incluyó al autor Dewey Johnson.

De acuerdo a la teoría del liderazgo situacional existen cuatro estilos de liderazgo:

Informativo: el líder dice a los miembros del equipo lo que tienen que hacer y cómo hacerlo.

Persuasivo: el líder «vende» sus ideas y mensaje a los miembros del grupo y los convence de participar en el proceso.

Participativo: el líder ofrece menos dirección y da a los miembros del equipo más libertad en la generación de ideas y en la toma de decisiones.

Delegativo: el líder está menos envuelto y mete menos sus manos; deja que los miembros del grupo tomen la mayoría de las decisiones y tomen más responsabilidad.

Dadas estas cuatro opciones, el líder tiene que elegir entre ellas basándose en el nivel de madurez de los miembros del grupo. Los niveles de madurez se describen como sigue:

Nivel 1: aquellos miembros del grupo que no tienen conocimiento, habilidades o disposición para completar una tarea.

Nivel 2: aquellos miembros del grupo que están dispuestos y tienen entusiasmo, pero carecen de conocimiento y habilidades para completar una tarea.

Nivel 3: aquellos miembros del grupo que tienen habilidad y capacidad, pero no tienen disposición o entusiasmo respecto a tomar responsabilidad.

Nivel 4: aquellos miembros del grupo altamente dotados de habilidad y que están dispuestos/ansiosos por completar una tarea.

Así, las situaciones serían las siguientes:

Nivel 1 --> informativo
Nivel 2 --> persuasivo
Nivel 3 --> participativo
Nivel 4 --> Delegativo

Según los teóricos Blanchard y Hersey, el *liderazgo situacional* requiere las siguientes competencias:

Perspicacia: el líder situacional debe ser capaz de comprender las necesidades de los seguidores y luego ajustar su estilo de liderazgo para satisfacer esas necesidades.

Flexibilidad: los líderes situacionales deben moverse sin problemas de un estilo de liderazgo a otro.

Confianza: el líder debe ser capaz de ganarse la confianza de sus seguidores.

Resolución de problemas: el líder situacional debe ser capaz de resolver problemas.

Habilidad para entrenar: el líder situacional debe ser capaz de evaluar la madurez y la competencia de los seguidores, y luego aplicar la estrategia adecuada para ayudar al seguidor a convertirse en un líder, mejorando su carácter personal.

III. Evolución de las teorías y modelos de liderazgo

Antes de pasar a la siguiente sección de este capítulo —en donde explicaré las últimas tendencias respecto a los estilos de liderazgo—, deseo proporcionar una tabla informativa que describe las teorías y modelos de liderazgo más sobresalientes mundialmente a través del tiempo.

Definitivamente el tema de liderazgo no es algo estático, sino que va evolucionando con el tiempo; no obstante, he mencionado la teoría de *liderazgo situacional* porque es una de las teorías que se ha vuelto clásica y ha logrado subsistir a través del tiempo desde su creación, aunque eso no significa, de ninguna manera, que esta teoría sea la mejor y que satisfaga perfectamente las condiciones de la segunda década del siglo XXI (de eso se hablará en la sección siguiente). La tabla de la que hablo es la siguiente:[14]

#	Teoría/modelo	Contribuidores principales	Año
1	La teoría del Gran Hombre como líder	Thomas Carlyle	1841
2	La teoría de los rasgos	Francis Galton	1869
		Luther Lee Bernard	1926
3	Liderazgo carismático	Max Webber	1922
		Robert House	1977

---

[14] Shaukat Ali Raza y Asma Sikandar, "Impact of leadership style of teacher on the performance of students: An application of Hersey and Blanchard Situational Model", *Bulletin of Educational and Research*, diciembre 2018, Vol. 40, No.3, p. 76. https://files.eric.ed.gov/fulltext/EJ1209826.pdf (accedido 8/15/2023).

4	Liderazgo transicional	Max Webber	1947
		James MacGregor B.	1978
5	Estudios de liderazgo de Iowa	Lewin, Lippitt, y White	1939
6	Liderazgo de grupo	Stogdill	1948
7	Estudios de la Universidad de Michigan	Katz y Kahn	1952
8	Estudios de la Universidad de Ohio	Halpin y Winer	1957
9	La malla gerencial	Blake y Mounton	1964
10	Teoría de la contingencia de Fiedler	Fred Fiedler	1964
11	Liderazgo de servicio	Robert K. Greenleaf	1970
12	Teoría de la meta y el camino	Robert House	1971
13	Liderazgo transformacional	James V. Downton	1973
		James MacGregor B.	1978
14	Liderazgo situacional	Hersey y Blanchard	1969
15	Liderazgo visionario	Marshall Sashkin	1988
		Daniel Goleman	2002

De estos, los dos estilos que mencioné al principio, el autocrático y el democrático, fueron estudiados muy detenidamente dentro de los estudios sobre liderazgo de Iowa, en 1939, por los investigadores Lewin, Lippitt, y White.

Luego, en este mismo capítulo, al final, estaré comentando otro de los estilos que más se adecuan a los líderes cristianos: el liderazgo de servicio, un tema que fue estudiado a profundidad por Robert K. Greenleaf en 1970. A primera instancia, el liderazgo de servicio parece ser el que mejor encaja con el liderazgo que un hijo de Dios debe ejercer. No obstante, al final de cuentas, el líder cristiano hará bien en estudiar las teorías y modelos de liderazgo más sobresalientes, a fin de compatibilizar su propia personalidad a los diversos estilos de liderazgo que más le acomoden, pues esto podría ser de ayuda para lograr los resultados que Dios le ha ordenado particularmente, dentro en su propio contexto de acción. Dios no está *casado* con ningún estilo de liderazgo en particular (aunque se excluyen los rasgos peculiares de algunos de ellos que van en contra de los principios bíblicos). Es así que, haciendo un estudio bíblico al respecto, en la Biblia se pueden encontrar distintos estilos de liderazgo ejercidos por los siervos de Dios, aunque se ha identificado el liderazgo de Jesús mayormente con un liderazgo de servicio.

IV. Estudios recientes de Harvard sobre los estilos de liderazgo

El estilo de liderazgo tiene que ver con un comportamiento consistente a la hora de hacer decisiones, interactuar con otros y hacer uso del tiempo. Esto también refleja la opinión de aquellos que trabajan como tus colegas y que te describirían al estar trabajando con ellos.

Anthony Mayo y Joshua Margolis explican que un estilo de liderazgo puede ser examinado mediante tres marcos principales:

1. **Sello personal**: la manera en que los demás te perciben a la hora de trabajar con ellos y liderarlos.

2. **Funciones**: las prácticas que empleas para movilizar a tus colegas y hacer que las cosas sucedan.

3. **Motivaciones**: los deseos, estímulos o incentivos detonadores para tomar cierto curso de acción.

Tomando en cuenta estos tres marcos principales, los líderes se pueden clasificar en tres grupos: (I) los líderes accesibles; (II) los líderes con credibilidad; y, (III) los líderes aspiracionales.

I. Líderes accesibles: estos se caracterizan por la autenticidad y la calidez, atributos que ayudan a forjar una conexión más profunda con tus compañeros de equipo. Ser un líder accesible significa transmitir apertura y mostrar empatía en tus interacciones. Este estilo de liderazgo requiere un alto grado de inteligencia emocional, es decir, la habilidad o el talento para manejar apropiadamente las emociones.

Las habilidades técnicas podrían ayudar a una persona para ser promovida en cierta oportunidad, pero no garantizarán el avance, es por eso que los empleadores valoran más la inteligencia emocional más que las habilidades técnicas. La inteligencia emocional ayuda a dirigir a equipos exitosamente, a manejar el estrés, a tener mayor capacidad de respuesta y a colaborar más efectivamente con otros.

La inteligencia emocional se define como el entendimiento y el manejo de tus propias emociones, así como el reconocimiento y la influencia que tienes en las emociones de aquellos que te rodean. Desde 1990, el psicólogo Daniel Goleman popularizó el término, y puntualizó la importancia que tiene en el liderazgo.

Se puede identificar una falta de inteligencia emocional cuando una persona tiende a crear conflictos, y cae constantemente en malos entendidos debido a que es incapaz de entender las emociones otros. Uno de los indicadores más comunes de falta de inteligencia emocional es la dificultad que una persona tiene para manejar y expresar las emociones; también estas personas no pueden darse cuenta de las preocupaciones que otros tienen y no son buenos para escuchar a otros. La persona que carece de suficiente inteligencia emocional culpa a los demás constantemente cuando las cosas no van conforme a lo planeado, y son propensas a tomar decisiones arrebatadas.

La inteligencia emocional tiene cuatro componentes principales.

1. Conciencia de ti mismo.
2. Administración de tus emociones
3. Conciencia social.
4. Manejo adecuado de relaciones.

1. La conciencia de ti mismo: esta es la parte fundamental de la inteligencia emocional. Describe tu habilidad para entender tus fortalezas y debilidades; pero también tu capacidad para reconocer cómo es que tus emociones afectan el desempeño de ti mismo y de tu equipo. La enorme mayoría de las personas piensan que tienen conciencia de ellos mismos, pero la realidad es que no es así. Sin embargo, para realmente poder ayudar a que los otros den lo mejor de ellos mismos, tú primero debes de estar dándolo.

2. La administración de tus emociones: esta se refiere al manejo adecuado de tus emociones (particularmente en situaciones de estrés), y a la capacidad de mantener una perspectiva positiva a pesar de los reveses. Los líderes a quienes les falta esta cualidad tienen grandes problemas para mantener sus impulsos bajo control.

Las reacciones tienden a ser automáticas, pero entre más inteligencia emocional tiene una persona, más fácilmente puede hacer la transición de reacción a respuesta, es decir, a una respuesta positiva y apropiada.

3. La conciencia social: es importante entender y manejar apropiadamente tus propias emociones, pero también la inteligencia emocional tiene que ver con la capacidad de reconocer las emociones de otros y las dinámicas emocionales que están en juego en un grupo.

Asimismo, los líderes destacados practican la empatía. A ellos les interesa entender los sentimientos de sus colegas y sus perspectivas, las cuales son importantes para establecer una comunicación y colaboración efectiva con aquellos que están bajo su liderazgo. [15]

4. El manejo de las relaciones: esto tiene que ver con la habilidad de influenciar, entrenar, y resolver conflictos efectivamente. Algunos prefieren evitar conflictos, pero es importante abordar los conflictos en cuanto estos surjan. Un estudio que hizo la Society for Human Resource Management (SHRM) respecto a la resolución de conflictos encontró que los conflictos no resueltos pueden resultar en hasta ocho horas de tiempo perdido en chismes y otras actividades improductivas, y drena los recursos y la moral. [16]

II. Líderes con credibilidad: La credibilidad tiene que ver con la competencia, la humildad y la determinación. Este estilo de liderazgo imparte conocimiento y autoridad. Un líder creíble puede establecer un plan y guiar a otros en la dirección correcta.

Este estilo de liderazgo implica una gran confianza entre ti y los que están bajo tu cargo y requiere poderosas habilidades para tomar decisiones, incluso cuando se enfrentan elecciones difíciles. Mejorar tu capacidad para tomar decisiones difíciles no solo te ayudará a convertirse en un mejor líder, sino también a que tu equipo desarrolle resiliencia.

Respecto a la resiliencia Daniel D. King and Megan R. McSpedon dicen:

---

[15] Lauren Landry, "Why emotional intelligence is important in leadership", *Harvard Business School Online*, abril 03, 2019. https://online.hbs.edu/blog/post/emotional-intelligence-in-leadership (accedido 8/14/2023).

[16] Tamara Lytle, "How to resolve workplace conflicts", *SHRM* Julio 13, 2015. https://www.shrm.org/hr-today/news/hr-magazine/Pages/070815-conflict-management.aspx

La resiliencia, o la continuidad en la persecución de metas a pesar de la adversidad, es un asunto importante en las organizaciones, ya que la adversidad es inevitable en las vidas de las personas y en sus carreras. Todos encaramos adversidades, desde las del estrés diario derivado del balancear el trabajo y el hogar, hasta la pérdida del empleo o la muerte de un ser querido... la resiliencia es esencial.[17]

III. Líderes aspiracionales: es una combinación de dos sellos de liderazgo: la altitud y la fe. La altitud se refiere a la capacidad de establecer altas expectativas que otros se sienten motivados a seguir, mientras que la fe es la capacidad de crear un sentimiento de seguridad y confianza de que se puede lograr algo.

Un líder aspiracional saca lo mejor de sí mismo y de los demás mediante el empoderamiento de aquellos que lo siguen y el fomento del crecimiento de ellos; así, es capaz de cultivar un equipo de alto rendimiento que permanezca motivado para lograr los objetivos que ha puesto. Los líderes cristianos que siguen la dirección del Espíritu Santo establecerán metas que traigan gloria a Dios y engrandezcan Su reino en la tierra.

V. Maneras de identificar tu estilo de liderazgo

Existen algunas directrices generales que te ayudarán a identificar a qué estilo de liderazgo estás más orientado. En este apartado estaré mencionando varias de ellas.

A. Crece en cuanto a la conciencia de ti mismo

Ser un líder efectivo comienza con el conocimiento de ti mismo. Mediante una reflexión honesta se pueden usar herramientas como el examen de Myers-

---

[17] Daniel D. King y Megan R. McSpedon, "What leaders get wrong about resilience". *Harvard Business Review*, Junio 17, 2022.
https://hbr.org/2022/06/what-leaders-get-wrong-about-resilience (accedido 8/14/2023).

Briggs, para entender tus fortalezas y debilidades y construir una gran conciencia de ti mismo.[18]

Varios estudios muestran que los líderes con un alto grado de conciencia de sí mismos (autoconocimiento) son más efectivos en lo que hacen, tienen mejores relaciones de trabajo y reportan niveles de estrés más bajos.

Pide a tus colegas una retroalimentación. Sé abierto a sus perspectivas respecto a las tendencias de tu liderazgo, de manera que puedas identificar las áreas en que puedas mejorar y crecer.

B. Considera tus funciones principales como líder

Examinar tus funciones de liderazgo es el segundo de los tres ejercicios que te ayudará a desarrollar tu estilo personal. En general existen dos pares de funciones comunes en la práctica.

1. ESTRUCTURA Y DIRECCIÓN: los comportamientos que empleas para movilizar a otros y comunicar claramente las tareas que deben realizarse.

2 APOYO Y DESARROLLO: los comportamientos que exhibes para animar a otros y brindar orientación educativa.

Es importante llevar a cabo una autoevaluación para determinar dónde tiendes a caer en el espectro dentro de estos dos pares de prácticas. Este conocimiento puede permitirte adaptar tu enfoque de liderazgo a diferentes desafíos y determinar qué función debe reforzarse para ser más efectivo en lo que haces.

C. Comprende tus motivaciones

Motivar a los miembros de un equipo y equiparlos con los recursos para tener éxito es una de tus funciones clave como líder. Pero también es importante comprender qué es lo que te inspira a hacer tu trabajo.

---

[18] Esta herramienta se puede encontrar en la siguiente página web: https://www.myersbriggs.org/my-mbti-personality-type/myers-briggs-overview/ (accedido 8/14/2023).

Al examinar tus propias motivaciones como líder, considera qué recompensas externas lo estimulan, por ejemplo, el salario; o bien, en el ministerio, si tu estímulo es ganar almas para Dios o tener una posición, etc. También haz un balance de las formas intangibles de motivación, como el sentido de pertenencia a tu organización o la oportunidad de trabajar en proyectos nuevos y emocionantes.

Cuando tienes un claro conocimiento de tus motivaciones, esto te ayudará a liberar ese mismo sentimiento en otros, permitiéndoles desarrollarse y hacer frente a los desafíos.[19]

VI. El liderazgo de servicio

El liderazgo de servicio parece encajar bastante bien con las palabras de Cristo cuando dijo: «Los reyes de las naciones se enseñorean de ellas, y los que sobre ellas tienen autoridad son llamados bienhechores; mas no así vosotros, sino sea el mayor entre vosotros como el más joven, y el que dirige, como el que sirve» (Lucas 22:24-26).

Las características de un líder siervo son las siguientes:
1. El líder siervo no ejerce un liderazgo déspota.
2. Se caracteriza por una conducta anti-dominante.
3. Se perfila él mismo como un modelo a seguir.
4. La humildad es una marca de su estilo de liderazgo.
5. Su deleite es servir a las demás personas.
6. Es una persona disciplinada.
7. Una de sus metas es vestir a los demás con conocimiento para empoderarlos.
8. Su enfoque no es hacer méritos para atraer la atención.
9. No posee motivaciones egoístas.
10. Es una persona afable, accesible y dispuesta a escuchar.
11. La espiritualidad es un rasgo marcado en su persona.

---

[19] Matt Gavin, "3 common leadership styles & how to identify yours", *Harvad Business School Online*, octubre 22, 2019.
https://online.hbs.edu/blog/post/styles-of-leadership (accedido 8/14/2023).

El liderazgo de servicio se ha vuelto muy impopular entre los ejecutivos de nuestros días debido a que ellos mismos se ven como maníacos enfocados en obtener resultados a corto plazo. Ellos no pueden concebir que un siervo pueda llegar «a la cima», dentro de una cultura de liderazgo asociado con el egoísmo y el control. Respecto a esto Jim Heskett escribe:

> Varios de los expertos dicen que el liderazgo de servicio requiere cualidades muy raras dentro de sus «virtudes cardinales» (Katherina Lange): «la paradoja combinación de coraje y humildad» (Lisa Slayton); «un alto grado de autocontrol...» (Ashok Jain)... «cualidades que hacen que sea muy difícil para los jóvenes ser líderes servidores» (Mike Gatliff). Las características personales que se interponen en el camino del liderazgo de servicio incluyen «el ego (que dificulta el servicio)» [Randy Hoekstra], «la codicia» (Madeleine York), y «un deseo insano de control» (Judesther Marc).[20]

La naturaleza misma del liderazgo de servicio es un obstáculo para su difusión, y aquello que no se difunde no causa suficiente impacto. Steven Hickman dijo al respecto: «es un gen organizacional recesivo... No te ascienden si no te notan». El liderazgo de servicio no es prevaleciente porque tiene un enfoque utópico que requiere un cambio completo de paradigma para la mayoría de los empleados modernos de cualquier nivel.[21]

En el artículo de Heskett, él presenta las opiniones de otros colegas, los cuales argumentan que en realidad este estilo de liderazgo parece ser un oxímoron, es decir, un término cuyas palabras se contradicen entre sí: ¿cómo puede un líder ser siervo a la vez? Ellos dicen que se trata de una simple filosofía infructuosa en donde los líderes pobres tratan de elevarse por encima de aquellos a quienes sirven [pero esto es una simple ilusión]. Por otro lado, argumentan también que es más importante que una persona sea dirigida correctamente antes que ser simplemente servida.

La última idea es completamente válida; no se trata de servir por servir. Hay personas que les gusta ser servidas por alguien gratuitamente simplemente para satisfacer sus deseos egoístas. El Señor Jesús servía a sus discípulos,

---

[20] Jim Heskett, "Why isn't 'servant leadership' more prevalent?", *Business Research for Business Leaders, Harvard Business School*, mayo 1, 2013. https://hbswk.hbs.edu/item/why-isnt-servant-leadership-more-prevalent (accedido 8/15/2023).

[21] Ibid.

pero ellos también le servían a Él, ellos los seguía a todos lados y hacían lo que Él les ordenaba. El líder cristiano tiene una actitud de servicio, pero también evalúa bien sus prioridades; es una persona disciplina en las tareas que le han sido asignadas por Dios, y antepone la obediencia a Dios antes que todo lo demás.

Por otro lado, un siervo es aquel que obedece órdenes; por eso en muchas ocasiones se tiene que establecer quién es el que da las órdenes, quién es el que guía a quien. Estas consideraciones son importantes dentro del ejercicio del liderazgo. Por tanto, el liderazgo de servicio, aunque tiene rasgos innegociables en el liderazgo cristiano que agrada a Dios, realmente no se puede aplicar en todo sentido y en todos los casos. Asimismo, podemos decir que Jesús mismo no ejercía *totalmente y en todo sentido* un liderazgo de servicio, aunque servía por amor a sus discípulos y a muchos otros. No obstante, Él también ejercía autoridad, ordenaba, reprendía, cambiaba el curso de las cosas, el curso de los pensamientos, etc. Él decía a donde ir, y determinaba y decidía qué tipo de servicio habría de dar a sus discípulos. Cristo dirigía; tenía espíritu humilde y de siervo sí, pero a la vez era poderoso en sus palabras y obras. A lo largo de este capítulo estaremos analizando varios de los aspectos importantes del liderazgo de una manera mucho más amplia.

Resumen del capítulo 2

1. Cada líder debe conocer sobre su propio estilo de liderazgo e investigar sobre el tipo de liderazgo que más se acomode a su personalidad. 2. Los dos estilos clásicos del liderazgo, hasta hace algunas décadas, eran el liderazgo autocrático o autoritativo, y el democrático. 3. En el autocrático, el líder era el único que tomaba las decisiones, y él o ella era quien mantenía el poder de acción. 4. El líder democrático era aquel que dejaba que las decisiones fuesen tomadas por el grupo. 5. El liderazgo democrático poseía mayor prestigio que el autocrático. 6. Definición del líder autocrático: posee un carácter dominante; toma decisiones sin consultar con los otros miembros del equipo; se asegura de mantener el control total en el grupo, sus seguidores son simplemente oyentes, no hay retroalimentación; sin él o ella no se puede hacer nada; él/ella es el foco de atención; le interesan solo los resultados, no las personas;

promueve pobres relaciones humanas. 7. Definición del líder democrático: comparte el poder; es incluyente, escucha y apoya opiniones y decisiones del grupo; provoca un buen ambiente para el trabajo en equipo; confía en las personas; deja que otros tengan la oportunidad de liderar. 8. No obstante, aunque estos dos estilos clásicos podrían tener su implicación efectiva (dependiendo de las circunstancias), ni uno ni otro es realmente efectivo a largo plazo. 9. El liderazgo situacional implica que no existe un *mejor* estilo de liderazgo, sino que el *mejor* estilo depende de la situación o de la tarea que se está realizando y del tipo de equipo que se tiene. 10. La teoría del liderazgo situacional dice que existen cuarto estilos de liderazgo: informativo, persuasivo, participativo y delegativo. 11. La teoría del liderazgo situacional dice que el estilo de liderazgo dependerá del nivel de madurez del equipo y define cuatro niveles. 12. Competencias de liderazgo situacional: perspicacia, flexibilidad, confianza y resolución de problemas y habilidad para entrenar. 13. A través del tiempo han existido —desde 1841 y hasta 2002— al menos quince teorías sobresalientes de liderazgo: la teoría del gran hombre; la teoría de los rasgos; liderazgo carismático; liderazgo transicional; estudios de liderazgo de Iowa, etc. 14. Los teóricos de Harvard dicen que el estilo de liderazgo tiene que ver con un comportamiento consistente a la hora de tomar decisiones, interactuar con otros y hacer uso del tiempo. 15. Mayo y Margolis —investigadores prestigiosos mundialmente— dicen que el estilo de liderazgo puede ser examinado mediante tres marcos principales: sello personal, funciones y motivaciones. 16. Los estudios recientes dicen que los líderes se pueden clasificar en a) líderes accesibles; b) líderes con credibilidad; y c) líderes aspiracionales. 17. Las directrices para identificar tu estilo de liderazgo son: a) crece en cuanto a la conciencia de ti mismo; b) considera tus funciones principales como líder; y c) comprende tus motivaciones; 18. El líder cristiano encaja en la definición del líder siervo, y aunque el liderazgo de servicio no encuentra popularidad entre los ejecutivos de hoy, es un modelo que los líderes cristianos deben seguir. 19. No obstante, los líderes siervos deben de modelar su liderazgo con otros estilos, pues el argumento de «es más importante que alguien sea dirigido correctamente antes que sea simplemente servido» es perfectamente válido.

Capítulo 3
Características positivas del líder

«Para ser un buen líder, he aquí nuestro primer desafío: ser líderes de nosotros mismos» —John Maxwell.

Se puede decir que el establecimiento del carácter del líder es la piedra angular del liderazgo. Las personas que están bajo un liderazgo deben percibir que su líder es una persona de carácter, y en el caso del líder cristiano, este carácter debe ser el carácter de Cristo, un carácter cristiano. Es necesario hacer siempre una distinción entre el temperamento y el carácter, el temperamento es la predisposición *emocional dominante* que tiene una persona al enfrentarse a las distintas situaciones de la vida, y está relacionado con el *humor* y la motivación del individuo. Tiene que ver con las reacciones internas al entorno. El carácter en cambio, tiene que ver con las *cualidades propias del individuo*, el comportamiento y las decisiones que adopta; es el conjunto de rasgos que distinguen a una persona, y son estables en el tiempo. Por tanto, podemos decir que dos personas pueden tener el carácter de Cristo, pero distintos temperamentos. Juan y Pedro tenían temperamentos muy distintos, pero ambos tenían el carácter de Cristo.

Los seguidores ven al líder como un modelo. Ellos quieren sentirse inspirados, protegidos, guiados; desean un líder que posea las características ideales y que con él o ella sientan que están creciendo. A nadie le gusta ser utilizado, ni seguirán a aquel que no reúna los requisitos que ellos esperan. El liderazgo es cruel en ese sentido, no se puede obligar a nadie a seguirte, y si tú no tienes el nivel, nadie se tentará el corazón para abandonar tu liderazgo. Por tanto, debes trabajar en ti mismo.

Existe el caso de líderes que realmente no están preocupados por el grupo. Ellos más bien se enfocan en incrementar su prestigio personal, en hacer avanzar su agenda, en subir los peldaños dentro de una organización, etc., y este sentimiento, aunque pueda mantenerse oculto por algún tiempo, tarde que temprano aparecerá: la gente se dará cuenta de que no existe un verdadero amor por ella; se dará cuenta de que está siendo utilizada, y que trabaja tan solo para cumplir los deseos del líder, y cuando esto suceda ellos se irán.

Por tanto, el líder primero tiene que trabajar en su propio corazón. Él o ella tiene que tener, en primer lugar, un genuino deseo de que los demás avancen y sean dirigidos a una vida próspera, es decir, que sean guiados a Jesucristo, a su Palabra, y a todo lo bueno que Él ha prometido a los suyos. El líder tiene que pensar en la formación del carácter y pensar en sí mismo, pues de otra manera, si no logra forjar un buen carácter de líder dentro de él, no logrará cumplir cabalmente con el plan de Dios para servir a los demás. En este capítulo veremos algunas características del carácter del líder cristiano y algunos consejos clave que te ayudarán a forjar ese carácter.

I. Posee agilidad y consistencia

Una característica del carácter es la consistencia; no obstante, en los líderes de hoy, la agilidad en la administración de los cambios es clave. John Coleman escribió un artículo para Harvard Business Review titulado: «The Best Strategic Leaders Balance Agility and Consistency» [Los mejores líderes estratégicos equilibran agilidad y consistencia]. En el artículo, Coleman trata de conciliar estos dos factores que parecen estar en conflicto. Por un lado, un líder debe estar abierto al cambio, a la flexibilidad, a mostrar apertura a las nuevas tendencias; sin embargo, por el otro, tiene que mostrar consistencia, a nadie le gusta estar viviendo en un caos, en donde el común denominador es el cambio mismo y no se sabe lo que ocurrirá en el siguiente segundo. Un liderazgo efectivo debe aprender a balancear ambas cosas. Los grandes líderes son ágiles en cuanto a la adaptación al cambio, a la creación de nuevas estrategias, pero a la vez, son consistentes en relación con los resultados, la gente espera que existan resultados de calidad consistentemente.

Los líderes deben ser intelectualmente curiosos, aprender de otros, ser comunicativos, colaborar y estar dispuestos a cambiar tan constantemente como sea necesario; no obstante, la agilidad para el cambio no es suficiente. Coleman dice:

Los líderes puramente ágiles pueden ser visionarios y agentes de cambio, pero carecen de la determinación y la dedicación para ejecutar sus visiones. A menudo recurren a nuevos proyectos antes de haber terminado los anteriores y, en casos extremos, obligan a sus equipos u organizaciones al caos y a la inestabilidad. [22]

Por tanto, los líderes más estratégicos mantienen altos estándares de calidad, alcanzan metas y muestran alta consistencia, pero al mismo tiempo están abiertos al cambio.

Una cosa es la apertura para el cambio en una sociedad muy vertiginosa, y otra es la consistencia que debe de mostrarse en el carácter. Debe de haber siempre una alineación entre tus acciones y los valores que tú profesas, eso es parte del carácter. Se debe enfatizar el rigor en el cumplimiento de estándares, pero la gente espera que seas tú mismo quien manifieste ese nivel de vida. Si tú eres pastor, y deseas mantener un nivel alto de oración en tu grupo de liderazgo, será inaceptable que tú mismo no asistas a una de las reuniones de oración. Y quizá solo la ausencia a una sola haga que se venga abajo el plan. Si deseas mantener un alto nivel en cuanto a las finanzas, y que todo sea administrado con consistencia, la gente espera que seas tú mismo quien aplique esta consistencia a tus propios manejos.

En este respecto es muy importante el cumplimiento de promesas. Las promesas son estándares que se fijan. El verdadero líder no deja de cumplir sus promesas por nada, por ello, es cauto también en qué promesas hace. Cuando tu equipo ve que eres una persona consistente le estarás enseñando a *no* pensar más allá de lo que ve en ti, esto es precisamente de lo que habla Pablo cuando dice: «Haced todo sin murmuraciones y contiendas, para que seáis irreprensibles y sencillos, hijos de Dios sin mancha en medio de una generación maligna y perversa, en medio de la cual resplandecéis como luminares en el mundo» (Filipenses 2:14-15). Cuando tú como líder eres consistente en tus acciones de bien, generarás confianza y harás que la gente sea sencilla, es decir, de una sola visión.

II. Aprende a mantener sus emociones en control

Hay personas que piensan que manifestar calma y un rostro inalterado es una señal de deshonestidad y de hipocresía. Sin embargo, esto no es

---

[22] John Coleman, "The Best Strategic Leaders Balance Agility and Consistency". Harvard Business Review, enero 04, 2017 https://hbr.org/2017/01/the-best-strategic-leaders-balance-agility-and-consistency (accedido 9/5/2023).

necesariamente cierto. Una persona puede aprender a ser dueño de sus emociones y no dejar que ellas lo dominen. Él o ella debe ser un experto en la regulación de sus emociones y esto incluye el domino de sus expresiones faciales y de su lenguaje corporal. Aquellos ante los cuales tú eres un líder desean ver cómo es que manejas las situaciones de conflicto, y cuáles son tus reacciones. Ellos esperan que tengas tus emociones bajo control, a fin de crear un ambiente de seguridad.

No obstante, no siempre será bueno mostrar un rostro inalterado, pues esto también puede ser señal de despreocupación o insensibilidad ante una situación en donde se espera lo contrario. Un rostro inmutado no ayudará a crear *rapport*[23] ni avanzar en una negociación, pues esto podría crear la sensación de poco interés o poca sinceridad, más bien, en tales casos se debe manifestar entusiasmo y dinamismo.

Melody Wilding dice que el rostro inalterado encaja bien en las situaciones de gran estrés, pero siempre uno debe preguntarse lo siguiente: ¿Cómo mostrar mis emociones podría ayudar o impedir el alcance de metas? ¿Cuál es mi rol en la interacción? (por ejemplo, no es lo mismo ser el líder de una reunión [en donde se debe manifestar confianza y firmeza] a ser un participante [en donde debo mostrar más apertura y receptividad]), ¿qué tan apropiado será mostrar vulnerabilidad en un contexto dado? ¿Cuáles son las normas de comunidad u organización que estoy comunicando? (dependiendo de la cultura y los grupos, se esperan distintas reacciones o emociones, por tanto, debes regular tus emociones consecuentemente).[24]

Un ejercicio muy interesante será observarte a ti mismo en distintos contextos y tomar notas. Cuando estás tranquilo, o bien, cuando estás preocupado, enojado o estresado. Algunas personas en tales momentos tienden a tocarse más el cabello o la cara, a moverse en la silla o evitar el contacto visual. Otros se comen las uñas.

Algunas técnicas para mantener la calma en momentos de tensión son, por ejemplo, contar del cien hasta el uno, mientras identificas en la habitación

---

[23] La palabra *rapport* es una palabra de origen francés que significa «crear una relación».

[24] Melody Wilding, "When —and How— to Keep a Poker Face at Work", *Harvard Business Review*, marzo 06, https://hbr.org/2023/03/when-and-how-to-keep-a-poker-face-at-work (accedido 9/5/2023).

cosas que sean de un mismo color; imaginar una escena pacífica y relajante (un bosque, una playa, etc.), luego imagínate a ti mismo ahí. Otra técnica es exponerse al frío, por ejemplo, sostener un vaso de agua helada, salpicarse la cara con agua fría o chupar un cubito de hielo.

La explicación al problema de no saber controlar las emociones se explica, desde el punto de vista científico como una desconexión entre la parte frontal del cerebro (la parte racional) y la amígdala (la responsable de los sentimientos). Ninguno de nosotros tiene la habilidad de pensar claramente cuando esto ocurre, y las señales del estrés empiezan a exteriorizarse.

Amy Gallo, recomienda cinco técnicas para controlar las emociones. La primera de ellas es simplemente respirar, enforcar el pensamiento en la respiración, en esta técnica algunos recomiendan contar los ciclos de inhalación y exhalación. La segunda técnica que recomienda Gallo es activar el cuerpo, dar una caminata. La tercera es decir pequeñas frases positivas, la cuarta es reconocer y etiquetar los sentimientos y la última es tomar un descanso. [25]

Nosotros sabemos que la mejor manera de mantener las emociones bajo control es orando. La oración y la conexión con el Todopoderoso hará que la paz de Dios inunde nuestro ser y seamos confortados. La promesa del Señor dice: «Tú guardarás en completa paz a aquel cuyo pensamiento en ti persevera; porque en ti ha confiado» (Isaías 26:3); y también, las Escrituras nos dice: «Y la paz de Dios, que sobrepasa todo entendimiento, guardará vuestros corazones y vuestros pensamientos en Cristo Jesús» (Filipenses 4:7).

III. Cuida sus modales

Otro de los aspectos que se espera en el carácter del líder es que manifieste respeto y buenos modales. Todo cristiano debe aprender a ser una persona agradable y atenta, amigable y respetuosa. De la Biblia aprendemos prácticamente todo lo que necesitamos para ser personas de buenos modales. No obstante, si vamos al detalle, el respeto se traduce en responder los correos electrónicos en menos de 24 horas, empezar y terminar las juntas planeadas a

---

[25] Amy Gallo, "How to Control Your Emotions During a Difficult Conversation", *Harvard Business Review*, diciembre 01, 2017 https://hbr.org/2017/12/how-to-control-your-emotions-during-a-difficult-conversation?autocomplete=true (accedido 9/5/2023).

la hora que se programó. Saludar a todas las personas cuando nos cruzamos con ellas, sea donde sea; siempre mantener un contacto visual cuando conversamos; asimismo, se han hecho algunos estudios respecto al lenguaje corporal que muestran su importancia en relación con el respeto que la gente percibe de nosotros. Por ejemplo, no es bueno tocarse la cara, o juntar las manos, mantener una mala postura al sentarse, ser torpe con los objetos, *no* mantener el espacio suficiente entre las personas; sudar, fruncir el ceño y abusar de los gestos.

Los buenos modales son parte de la expresión de un buen carácter, de un buen cristiano y de un líder cristiano. La manera en que participas de los alimentos, la manera en que hablas a los hijos y a la familia; la manera en que te diriges al mencionar a las personas que te sirven, todo eso tiene que ver con los buenos modales. Cristo alabó los buenos modales cuando estuvo en casa de Simón al decirle: «¿Ves esta mujer? Entré en tu casa, y no me diste agua para mis pies; mas esta ha regado mis pies con lágrimas, y los ha enjugado con sus cabellos. No me diste beso; mas esta, desde que entré, no ha cesado de besar mis pies» (Lucas 7:44-45). Las muestras de hospitalidad hacen que las personas se sientan bien, y que se sientan bienvenidas.

IV. Hace preguntas pertinentes

Hacer preguntas adecuadas demuestra calidad de liderazgo, que el líder se interesa en las personas. Asimismo, cuando el líder pregunta respecto a algún tema, demuestra también que no piensa que lo sabe todo, y que está abierto a aprender. La humildad es algo esencial en el carácter cristiano y esta es una manera sencilla de mostrar tal humildad. La Biblia nos dice: «¿Has visto hombre sabio en su propia opinión? Más esperanza hay del necio que de él» (Proverbios 26:12). Esto se traduce, a la luz del tema que estamos tratando aquí, que cuando alguien se cree sabio y piensa que no necesita hacer ninguna pregunta a nadie (porque lo sabe todo) su jactancia no terminará bien. También, en otra parte dice: «No seas sabio en tu propia opinión; Teme a Jehová, y apártate del mal» (Proverbios 3:7); esto quiere decir que alguien que es sabio en tu propia opinión está orientado al mal.

Desde luego, el líder debe *saber* hacer preguntas. Debe saber hace preguntas a las personas adecuadas, en los tiempos propicios y en el nivel correcto de intimidad. Una pregunta puede representar una ofensa para alguien; por tanto, toda pregunta debe hacerse con tacto, y todo líder debe aprender a ser un buen cuestionador.

Y luego de preguntar, es importante escuchar atentamente. Cuando haces buenas preguntas demostrarás con ello tu propio conocimiento y calidad personal, mientras que, al escuchar, demostrarás que valoras el conocimiento de los demás y sus vidas. Respecto a este tema Alison Wood Books y Leslie J, John dicen:

> Hacer preguntas es una herramienta excepcionalmente poderosa para desbloquear valor en un grupo: estimula el aprendizaje y el intercambio de ideas, impulsa la innovación y la mejora del desempeño, genera simpatía y confianza entre los miembros del equipo; y puede aminorar el riego al descubrir obstáculos y peligros que no se habían previsto. [26]

Wood y John dicen que la mayoría de las personas no formulan la cantidad de preguntas que deberían y que, al hacerlo, crecen en inteligencia emocional, lo que les hace mejores cuestionadoras, es decir, se crea un círculo virtuoso.

A la gente le gusta contestar preguntas, y la manera más inteligente de conversar para agradar a una persona es elegir las preguntas que a él o ella le gustaría responder. ¿Y por qué la gente no hace preguntas si esto es bueno para fomentar las buenas relaciones? La gente no hace preguntas porque es egocéntrica, les gusta impresionar con sus propios pensamientos, con sus largas historias, con sus «brillantes ideas». Otros simplemente no se interesan en los demás, o no están dispuestos a escuchar las respuestas de los demás, les parecen de poco interés o aburridas. Por el otro lado, hay quienes sienten miedo, no quieren hacer las preguntas incorrectas, no quieren parecer maleducados o incompetentes.

---

[26] Alison Wood Books and Leslie K. John, "The Surprising Power of Questions", *Harvard Busines Review*, Mayo-Junio, 2018, https://hbr.org/2018/05/the-surprising-power-of-questions (accedido 9/5/2023).

Pero hacer preguntas no solo es un intercambio de información sino un modo magnífico de interconectarse con las personas. En las investigaciones que hicieron Wood y John, descubrieron que las personas que hacían más preguntas parecieron ser mejores conversadores que los que no las hicieron, encontraron mayor conexión con los demás, y quienes conversaron con ellos estuvieron más dispuestos a tener más participación con ellos en el futuro.

Desde luego que no solo se trata de hacer muchas preguntas, pero también el tipo de pregunta, el tono, la secuencia, y la estructura de la pregunta son factores muy importantes.

Hay en general tres tipos de preguntas: las de espejo, aquellas para obtener información y las de seguimiento. De estas tres, las preguntas que más traen el resultado del que estoy hablando son las preguntas de seguimiento. A nadie le gusta pasar por un interrogatorio, es decir, no nos gustan aquellos que hacen preguntas para obtener información, y la tendencia natural será alejarnos de ellos. Así que, cuando hagas preguntas trata de mantener las preguntas abiertas y demostrar que te interesas genuinamente en ellos; si las personas que estás tratando sienten que las tratas de engañar, o que buscas que ellas te revelen algo, pueden perder la confianza que habían depositado en ti, y disminuirá la probabilidad de que compartan contigo información en el futuro. Esas preguntas, en lugar de crear un vínculo, lo destruirán.

Por tanto, las preguntas deben elegirse de manera inteligente. Nunca sabes qué tan sensible puede ser una pregunta para una persona, ni hasta qué punto puede parecer loca o interesante; por ello, la manera conservadora es ir de una pregunta a otra con tacto, buscando añadir sal a la conversación, como lo dice Pablo: «Sea vuestra palabra siempre con gracia, sazonada con sal, para que sepáis cómo debéis responder a cada uno» (Colosenses 4:6).

V. Invita a la retroalimentación

Cuando pides retroalimentación estás demostrando con ello que te interesa conocer el impacto que estás causando en las personas. Por cierto, no se trata solamente de mejorar la manera en que estás tratando a los demás, sino también mejorar tu carácter como líder. Muchos no se dan cuenta, pero todos tenemos puntos ciegos, áreas en que es necesario más pulimiento y que necesitamos perfeccionar.

Muchos se atemorizan en pedir o en dar retroalimentación. Temen dañar las relaciones con los demás, que se ofenda aquel que reciba retroalimentación, o bien, cuando se trata de que el líder mismo la reciba de los colaboradores, este teme a enfrentarse a algo «negativo», teme a que, posiblemente, no pueda cumplir con el estándar que se le pida. Los temores se acentúan cuando pensamos en las tensiones que se pueden generar, y que se cree una situación fuera de control. Se supone que el líder cristiano está puesto por Dios para evitar toda clase de conflicto; sin embargo, la retroalimentación es necesaria. Cuando la retroalimentación se barre bajo de la alfombra todos sufren, y la carencia de esta retroalimentación constructiva no solo crea tensión sino hace que el equipo se empiece a desmoronar, pues esto es una señal de que no existe una comunicación efectiva. De esto Melody Wilding dice: «Los equipos que se caracterizan por una comunicación deficiente y expectativas poco claras son caldo de cultivo para la falta de confianza y la falta de compromiso».[27]

Si vemos con más detenimiento respecto a este asunto, descubriremos que una retroalimentación constructiva es mucho más benéfica que evitarla y sufrir las consecuencias. Esto sucede muy a menudo, que si no existe retroalimentación, las cosas dañinas seguirán incrementándose y no hay manera que se arreglen sin hacer nada. Muchos suelen decir que «están orando», y no cabe duda que la oración es indispensable en todo proceso dentro de la obra de Dios; no obstante, si un líder *en verdad* está orando, y ora lo suficiente, en la oración Dios le ordenará hacer cosas, le ordenará hablar con claridad respecto a lo que necesita hablar.

Veamos, por ejemplo, el caso de la retroalimentación que Pablo dio a Pedro en Gálatas 2, en ese pasaje dice la Biblia: «Pero cuando Pedro vino a Antioquía, le resistí cara a cara, porque era digno de condenar» (v. 11). Pedro, antes de que vinieran los hermanos judíos comía con naturalidad con los hermanos gentiles, pero cuando aquellos hubieron llegado, se retraía y se juntaba tan solo con los judíos y no con los gentiles. Pablo definió esta acción como hipocresía, y entonces procedió a brindar una retroalimentación a Pedro.

---

[27] Melody Wilding, "Overcoming Your Fear of Giving Tough Feedback", *Harvard Business Review*, julio 26, 2023. https://hbr.org/2023/07/overcoming-your-fear-of-giving-tough-feedback (accedido 9/6/2023)

La retroalimentación es sumamente importante para mejorar nuestro carácter, y realmente, dentro de nuestro ser, todos la deseamos. Es interesante lo que Wilding sigue diciendo, que a pesar de lo que se pueda creer, un equipo anhela comentarios sinceros y significativos. Así, el 72% de los colaboradores calificó como importante que «los líderes brinden retroalimentación crítica» para su desarrollo, pero que tan solo el 5% cree que los líderes brindan dicha retroalimentación.[28]

La retroalimentación no debe verse como un detonador de problemas, sino como un ingrediente indispensable para el crecimiento. No estás criticando sino nutriendo, tú no eres un villano, definitivamente no, más bien, al brindar retroalimentación estás demostrando ser el líder que tu equipo necesita.

Recuerda que retroalimentar debe ser una parte normal del proceso y no debe tomarse como algo negativo, más bien, es parte de la mejora continua, algo, que, inclusive, debe estar sistematizado. No obstante, se necesita cierto tacto para que las retroalimentaciones sean realmente efectivas. Cuando se habla de aquello que se hizo mal, jamás se debe culpar a nadie ni hablar en un lenguaje personalizado. Si hay necesidad de mencionar a una persona, menciónate tú mismo y haz preguntas. Por ejemplo: «Hermana Susana, siempre ha hecho un magnífico trabajo con los niños, creo que los niños de la iglesia son fantásticos, y usted tiene un mérito especial en ello. No obstante, mire, observé que no está incluyendo en su enseñanza el tema de la familia, y me gustaría que lo incluyera, pues es muy importante. ¿Qué le parece la idea?». Asimismo, cuando des retroalimentación a otros, pídela para ti mismo. Siguiendo el ejemplo, podrías pedir retroalimentación para ti mismo diciendo algo como esto: «Por cierto, hermana Susana, ¿qué le parece el énfasis que estoy haciendo en el departamento infantil?, ¿le parece que es suficiente o deficiente? ¿Cree que debo hacer algo más?».

VI. Da a los demás la oportunidad de tener gloria

Demuestra que realmente valoras las aportaciones de tus colaboradores a la hora de poner en práctica un plan. Menciona las ideas y las contribuciones que ellos hicieron y sus nombres; haz esto, no solo delante de los demás miembros del equipo, sino ante toda la organización, por ejemplo, delante de

---

[28] Ibid.

toda la iglesia. Esto hará que ellos vean que actúas genuinamente, y no deseas utilizarles para hacer avanzar tu agenda quedándote con todas las alabanzas; así que, comparte los triunfos.

Todas las personas necesitan estímulo y una retroalimentación positiva. Jack Zenger y Joseph Folkman, al hacer un estudio respecto al impacto que tenía dar alabanza a los colaboradores, encontró que los líderes que daban alabanza a sus colaboradores eran mucho mejor aceptados y vistos como mejores que los que no las daban. [29]

Muchos líderes piensan que es su responsabilidad avisar cuando algo anda mal, pero no cuando las cosas van bien. Estos son vistos por sus colaboradores como «prestos para criticar, pero lentos para dar las alabanzas que son merecidas». Existe múltiples razones por las que los líderes se abstienen de dar alabanzas. Estos pueden pensar que un líder fuerte es aquel que no tiene miedo para decir lo que está mal, mientras que uno débil «tiene» que tener a la gente contenta. Otros piensan que la alabanza en una persona le levantará el ego, al punto de que desee separarse o rebelarse o creerse autosuficiente. Otros simplemente no lo hacen porque nunca lo han hecho y no tienen habilidad en esto.

No obstante, aún en esto se tiene que ser cauteloso. Una cosa es elogiar el trabajo duro y otro el elogio de la capacidad o la inteligencia. David Rock hizo un estudio a un grupo de personas a las que les pidió realizar cierta tarea que todas ellas eran capaces de hacer. Al final, a todas se les dio un elogio, a un grupo les dijo: «Lo has hecho, eres muy inteligente»; mientras que al otro les dijo: «Seguro trabajaste duro para lograrlo». Luego observó su comportamiento. El comportamiento que él observó en ambos grupos fue diverso. Observó que el grupo a quienes se les dijo que eran inteligentes, después fueron reacios a tomar retos de aprendizaje y al ponerles nuevos exámenes, ellos mentían en cuanto a los resultados (a fin de mantener ese estatus de inteligentes), cosa que no sucedía con aquellos que había dicho: «Seguro trabajaste duro para lograrlo».

---

[29] Jack Zenger y Joseph Folkman, "Why Do so Many Managers Avoid Giving Praise?", *Harvard Business Review*, mayo 02, 2017 https://hbr.org/2017/05/why-do-so-many-managers-avoid-giving-praise (accedido 9/6/2023).

Luego agrega que alabar a una persona por su inteligencia en lugar de por su esfuerzo envía un mensaje equivocado: las personas que son elogiadas por ser inteligentes no quieren arriesgar su nueva condición de genios, y eso fomenta organizaciones estáticas y rígidas. En cambio, los elogios por el esfuerzo mantienen a las personas comprometidas y dispuestas a trabajar duro. [30]

VII. El carácter del líder Cristiano

Abraham Lincoln una vez dijo: «Si quieres conocer verdaderamente a una persona, dale poder». Cuando alguno de nosotros es puesto en una posición de liderazgo nuestro carácter es puesto a prueba. Dios nos da esa oportunidad a fin de que demostremos que tenemos las cualidades que Él espera de nosotros. La gente observa nuestras reacciones, nuestro comportamiento, nuestras disciplinas. Ellos esperan que un líder cristiano manifieste una alta moral, que piense en el grupo (antes que en su beneficio personal), que sea honesto, íntegro, que piense en los demás para hacerlos crecer, etc.

Asimismo, en el campo, los líderes desarrollamos virtudes como la diligencia (la productividad y el trabajo duro), el coraje o valentía, la justicia, un espíritu colaborativo, y aprendemos a obedecer y respetar las reglas. También aprendemos a dar buenas cuentas y aceptar retroalimentación. El carácter es algo esencial en el líder y un líder que no tiene carácter, no podrá dar fruto para Dios.

He hablado ya de los líderes en general y he hecho un estudio generalizado para explicar las características de los líderes exitosos. Ahora quiero enfocarme más en los líderes cristianos, enfoque y aplicación de este libro.

A. Características del carácter del líder cristiano

El desarrollo de un liderazgo saludable no es nada fácil. Con la palabra *saludable* quiero decir que tal liderazgo presente una serie de características positivas y motivantes que lo conviertan en un liderazgo efectivo y exitoso. A lo largo de los años de ministerio me he percatado de que en verdad existen rasgos que conforman la figura del líder efectivo. A continuación, quiero terminar este capítulo con una lista de cualidades que el líder debe tener en su

---

[30] David Rock, "Praise Leads to Cheating?", *Harvard Business Review*, noviembre 10, 2011 https://hbr.org/2011/11/praise-leads-to-cheating (accedido 9/6/2023).

carácter. Las características que aquí presento no son todas —pues en mi opinión considero que hay una gran cantidad de ellas—, sin embargo, todas estas características están basadas la Palabra de Dios.

B. Características espirituales

1. Ha sido dotado con dones espirituales que son consecuentes con su ministerio.
2. Practica las disciplinas espirituales (Marcos 1:35, Daniel 6:9; Nehemías 1:4)
3. Es una persona llena de fe en Dios.
4. Confía en Dios y le obedece.
5. Elije siempre hacer la voluntad de Dios.
6. Recibe de Dios la visión y la imparte con dinamismo y entusiasmo.
7. Discierne los tiempos y los interpreta (1 Crónicas 12:32).
9. Controla sus sentimientos.
10. Reconoce sus propios errores y faltas (2 Samuel 12:13; 1 Crónicas 21:17).
11. Está dispuesto a recibir retroalimentación.
12. Sus pensamientos son puros delante de Dios.
13. Demuestra madurez mental y espiritual.

C. Características propias de su liderazgo

1. Mantiene una vida organizada.
2. Trata siempre de dar la milla extra.
3. Delega trabajo con gozo y con suma confianza.
4. Sabe trabajar en equipo.
5. Mantiene una comunicación efectiva con el resto del grupo.
6. Es valeroso (1 Reyes 21:20).
7. Posee habilidad para tratar con las personas (Salmo 78:72).
8. Es humilde (1 Corintios 15:9).
9. Enseña con autoridad (Marcos 1:22).
10. Prepara a los que lo sucederán (Marcos 5:37).
11. Delega con sabiduría (Éxodo 18:24-25; Números 13:2).
12. Mantiene una actitud entusiasta y optimista.

13. No permite que los problemas se conviertan en algo personal.
14. Acepta consejos y sugerencias.
15. Tiene una mente abierta a las posibilidades.
16. Es fiel a sus superiores.
17. Aprecia y valora el estudio y la preparación (Daniel 1:4,17; 9:1-2).
18. Tiene una mente abierta al cambio.

Resumen del capítulo 3

1. Es necesario hacer siempre una distinción entre el temperamento y el carácter. 2. Los seguidores ven al líder como un modelo. Ellos quieren sentirse inspirados, protegidos, guiados; desean un líder que los haga crecer. 3. Una característica del carácter es la consistencia; no obstante, en los líderes de hoy, la agilidad en la administración de los cambios es clave. 4. Un líder debe estar abierto al cambio, a la flexibilidad, a mostrar apertura a las nuevas tendencias (al tiempo que muestra consistencia). 5. Los líderes deben ser intelectualmente curiosos, aprender de otros, ser comunicativos, colaborar y estar dispuestos al cambio cuando sea necesario. 6. Los líderes más estratégicos mantienen altos estándares de calidad, alcanzan metas y muestran alta consistencia, pero al mismo tiempo están abiertos al cambio. 7. Un buen líder es experto en la regulación de sus emociones y esto incluye el dominio de sus expresiones faciales y de su lenguaje corporal. 8. Existen técnicas para regular las emociones: respirar (enfocando el pensamiento en la respiración); dar una caminata; decir pequeñas frases positivas; etiquetar las emociones, y tomar un descanso, y otras. 9. La mejor manera para mantener las emociones en control es orando. 10. Un buen líder manifiesta respeto y buenos modales. 11. Las muestras de hospitalidad hacen que las personas se sientan bienvenidas. 12. El buen líder hace preguntas pertinentes, está abierto a aprender, muestra humildad. 13. Hacer preguntas es una herramienta excepcionalmente poderosa para desbloquear valor en un grupo, estimula el aprendizaje y el intercambio de ideas, impulsa la innovación y la mejora del desempeño. También genera simpatía y confianza entre los miembros del equipo. 14. Cuando una persona formula la cantidad necesaria de preguntas crece en inteligencia emocional; y cada vez que hace preguntas va siendo un mejor cuestionador. 15. La mejor manera de

agradar a una persona es formular preguntas que a ella le gustaría responder. 16. Al formular preguntas los siguientes factores son claves: el tipo de pregunta, el tono, la secuencia, y la estructura de la pregunta. 17. Hay tres tipos de preguntas: a) las de espejo; b) aquellas para obtener información, y c) las de seguimiento. 18. La retroalimentación demuestra que al líder le interesa conocer el impacto que está causando en las personas; esta ayuda a mejorar el trato con los liderados, pero también su carácter como líder. 19. Los equipos con comunicación deficiente y expectativas poco claras, son caldo de cultivo para la desconfianza y la pérdida del compromiso. 20. La retroalimentación no debe verse como un detonador de problemas, sino como un ingrediente indispensable del crecimiento. 21. El líder eficaz valora las aportaciones de sus colaboradores a la hora de poner en práctica el plan; menciona las ideas y las contribuciones de ellos, y sus nombres. 22. El líder cristiano está dotado de dones espirituales, es una persona llena de fe, practica las disciplinas espirituales, elige hacer la voluntad de Dios, tiene la visión de Dios, discierne los tiempos y los interpreta adecuadamente, controla sus emociones, reconoce sus errores, sus pensamientos son puros, y demuestra madurez mental y espiritual. 23. Asimismo, el líder cristiano mantiene una vida organizada, recorre la milla extra, delega, trabaja en equipo, se comunica efectivamente, trata bien a los demás, tiene autoridad, prepara los sucesores, acepta consejos, tiene una mente abierta, es fiel, y aprecia el estudio y la preparación.

Capítulo 4
Características negativas del líder

«Si eres un verdadero líder, no se lo tienes que recordar a nadie» —Rick Warren.

Ser efectivo en el liderazgo requiere de dos cosas fundamentales, la ayuda del Espíritu Santo y la destreza o habilidad humana. Estos dos elementos son característicos en la vida de uno de los más grandes líderes de la historia del pueblo de Israel: el rey David. La palabra de Dios describe el liderazgo de David de la siguiente manera: «Y los apacentó conforme a la integridad de su corazón, los pastoreó con la pericia de sus manos» (Salmo 78:72).

Sin embargo, no todos los líderes poseen cualidades positivas. Respecto a esto considero que también existen atributos negativos que empañan la figura y el prestigio del líder; esto quiere decir que existen también líderes que han pasado a la historia como líderes negativos. Un líder negativo es aquel que saca lo peor de las personas, las hace malas, las pervierte, las intoxica.

En la Biblia, Absalón, el hijo de David, fue uno de esos líderes negativos, uno de aquellos que jamás deberíamos de imitar (véase 2 Samuel 13:1-18:33). Absalón, con palabras aduladoras, conquistó el corazón del pueblo que gobernaba su padre (el rey David). La Biblia dice:

> Aconteció después de esto, que Absalón se hizo de carros y caballos, y cincuenta hombres que corriesen delante de él. Y se levantaba Absalón de mañana, y se ponía a un lado del camino junto a la puerta; y a cualquiera que tenía pleito y venía al rey a juicio, Absalón le llamaba y le decía: ¿De qué ciudad eres? Y él respondía: Tu siervo es de una de las tribus de Israel. Entonces Absalón le decía: Mira, tus palabras son buenas y justas; mas no tienes quien te oiga de parte del rey. Y decía Absalón: ¡Quién me pusiera por juez en la tierra, para que viniesen a mí todos los que tienen pleito o negocio, que yo les haría justicia! Y acontecía que cuando alguno se acercaba para inclinarse a él, él extendía la mano y lo tomaba, y lo besaba. De esta manera hacía con todos los israelitas que venían al rey a juicio; y así robaba Absalón el corazón de los de Israel (2 Samuel 15:1-6).

Por medio de estas artimañas, Absalón usurpó el trono de su padre y avergonzó y menoscabó su lecho al acostarse con sus concubinas (hecho que salió a la luz pública). Desde luego, la historia de este liderazgo no terminó allí. El texto bíblico antes mencionado nos relata cosas muy negativas de Absalón, cosas que él utilizó para convertirse en el líder que fue. De este podemos decir también que la manera en que Absalón terminó sus días en esta tierra carece de todo honor, y su estela es tan solo un refrán del tipo de hombre que *no* debe imitarse. Absalón cosechó lo que sembró y murió como el traidor de su propio padre.

En este capítulo estaremos hablando de algunas de las características del liderazgo negativo. De esta manera estaremos dándonos una idea de aquello que deberíamos evitar a toda costa en nuestro liderazgo. Empecemos por entender un principio psicológico: ¿Por qué nos atraen los líderes negativos?

I. ¿Por qué los líderes negativos son atractivos?

Absalón era un líder; un líder cuyo liderazgo está narrado en los capítulos del 13 al 18 de 2 Samuel. Absalón fue un líder muy carismático, su personalidad era muy atractiva y hubo mucha gente que lo siguió; sin embargo, su liderazgo era enfermizo, y finalmente, fracasó. Así es que hoy, su participación en la historia sagrada tan solo sirve para que los líderes cristianos seamos capaces de establecer patrones predecibles y evitables, es decir, que seamos capaces de identificar aquello que *no* se debe hacer en el liderazgo.

Es natural que la gente en general asocie el poder con los líderes detractores (los que siempre se oponen), y deseen estar bajo su protección (su liderazgo). Eileen Y. Chou hicieron un estudio respecto a este tema. Ella hizo una encuesta respecto a los candidatos presidenciales en varios períodos de elecciones. Cuando Chou finalizó su estudio, los resultados fueron muy interesantes: la encuesta arrojó que los participantes del estudio no solo consideraron que los candidatos presidenciales detractores eran más poderosos, sino que también predijeron que esos candidatos serían más efectivos mientras estuvieran en el cargo. También revelaron que estaban más dispuestos a votar por el candidato que siempre hablaba negativamente, que por aquel que los animaba.[31]

---

[31] Eileen Y. Chou "Why we're drawn to leaders who emphasize the negative", Harvard Business Review, Enero 03, 2019. https://hbr.org/2019/01/why-were-drawn-to-leaders-who-emphasize-the-negative (accedido 9/29/2023).

Vemos esta tendencia desde el principio con satanás mismo, cuando habló con la primera mujer. La serpiente fue para Eva no solo una influencia negativa poderosa, sino que ella llegó al punto de dejarse liderar por el mal. El poder persuasivo del diablo es gigantesco. Ahora bien, siguiendo con el ejemplo de Absalón, puedo decir que a cualquier le parecería inverosímil que este joven inexperto, y que no había ayudado a Israel a ganar una sola batalla, fuera capaz de hacer que le siguiera una gran cantidad de pueblo. Él fue para ellos un mejor líder que su padre, quien había llevado a Israel a la cúspide militar, había conquistado el territorio perdido por siglos, y había dado tanta prosperidad al país. David había sido un líder de excelencia, y nada les había faltado al estar bajo su liderazgo, pero este es un ejemplo más del poder persuasivo del maligno. De esto que estoy diciendo existen varios ejemplos en las Escrituras, pero el que creo es el mayor de todos, es el registrado en las profecías del último tiempo, en las del milenio. En el capítulo 20 de Apocalipsis Dios dice que satanás será atado por mil años. En esos mil años, Cristo y los redimidos estaremos reinando, y habrá paz, seguridad y gran prosperidad; en esos días, «El lobo morará con el cordero, y el leopardo con el cabrito se acostará; el becerro y el león y la bestia doméstica andarán juntos, y un niño los pastoreará» (Isaías 11:6). Sin embargo, cuando satanás sea suelto, en poco tiempo logrará engañar a un enorme ejército de personas, las cuales terminaran luchando en contra de Cristo mismo.

La pregunta prevalece: ¿por qué la gente sigue más a los líderes que siempre están hablando negativo antes que a los que animan o son positivos? Chou dice que la razón podría estar en la psicología humana: los seres humanos perciben a los que hablan negativamente, a los que critican, niegan y refutan activamente a los demás como personas determinadas que actúan independientemente, y esto es visto como una clave del poder. Asimismo, ellos juzgan que su actitud —la de los líderes negativos— está desvinculada a cualquier restricción social o dependiente de los recursos de otras personas, lo que los hace verse aún más poderosos.[32] Sin embargo, el común denominador de los líderes negativos, es que es posible que logren convencer a otros respecto a su liderazgo por algún tiempo, pero son de corta duración. Los líderes negativos no lograrán mantener su liderazgo por mucho tiempo, y como

---

[32] Ibid.

en el caso de Absalón, tarde que temprano, caerán. En el resto de este capítulo estaremos viendo algunos rasgos distintivos de los líderes negativos.

II. Los líderes negativos son narcisistas

El narcisismo es una complacencia en exceso respecto a sí mismo, de las facultades individuales y de sus obras. Continuando con el ejemplo de Absalón, este tenía una gran seguridad en sí mismo, era un hombre de gran estilo, muy bien parecido (2 Samuel 14:25), pero carecía de casi todas las características propias del liderazgo cristiano. Los narcisistas tienen un común denominador: no son enseñables, no admiten reproche alguno. No obstante, lo que eso desencadena es fracaso, porque Dios solo brinda ayuda a los humildes (Santiago 4:6). Los líderes egocéntricos terminan solos, su liderazgo está condenado a fenecer. El Nuevo Testamento dice que es necesario morir a nosotros mismo (Gálatas 2:20), pues de otra manera, no habrá un liderazgo exitoso.

Justin Menkes escribió para Harvard Business Review los siguiente:

> ¿Cómo puedes saber si un ejecutivo de alto rendimiento está listo para dar el paso para convertirse en el director ejecutivo? Hay un factor determinante: el narcisismo. Solo un individuo que se siente genuinamente fortalecido por el crecimiento, el desarrollo y el éxito de los demás, puede convertirse en el líder eficaz de una empresa. Los narcisistas tienen dificultades para forjar relaciones a largo plazo debido a que estos buscan continuamente el reconocimiento de los demás para reforzar su propia autoestima.[33]

III. Los líderes negativos alimentan la amargura

Independientemente de la experiencia negativa (cada experiencia es distinta) que alguno haya vivido, quien guarda sentimientos de amargura culpa a los demás de su infelicidad. Son personas que no están preparadas para echar una mirada a su propia vida, y rehúsan aceptar su responsabilidad en los conflictos.

---

[33] Justin Menkes, "Narcissim: The Differencia Between High Achievers and Leaders". Harvard Business Review, julio 4, 2012. https://hbr.org/2012/07/narcissism-the-difference-betw (accedido 9/29/2023).

Mahatma Gandhi dijo una vez que, si aplicamos la ley del ojo por ojo, eso terminará con dejar ciego al mundo entero. Las personas que guardan rencores y amarguras en sus corazones, definitivamente no están preparadas para tomar posiciones de liderazgo. ¿Por qué? Porque lo que hay en sus corazones termina por salir a la luz ante aquellos que dirigen, y esto crea un ambiente de odio y resentimientos que termina con destruir a un equipo, a una organización, a una sociedad y aún a una nación entera.

Hay quienes cierran su corazón y se aíslan porque no quieren ser dañados(as), pero si tú decides aislarte por miedo a ser dañado también están perdiendo la oportunidad de ayudar y bendecir a otros; es imposible brillar en este mundo, es imposible brindar amor a otros sin ser vulnerable. En otras palabras, es imposible cumplir con el mandamiento de Dios de amar al prójimo como a ti mismo si tú decides aislarte. Así que, cada vez que tienes contacto con otra persona, ya sea un familiar o un extraño, obligatoriamente tienes que confiar en ella y ser vulnerable, y esto conlleva el riesgo de ser herido. No sabemos si una persona nos herirá o no, pero es necesario confiar en ella. Si una persona nos ha herido en el pasado, no podemos aislarnos para que nadie nos hiera más, necesitamos seguir confiando en las personas; e incluso, confiar en esa misma persona. Jesús obliga a todos sus discípulos a perdonar setenta veces siete *a la misma persona*, y esto no es, desde luego, la imposición de un límite permitido para otorgar el perdón, sino un símil que significa que siempre necesitamos perdonar. En Génesis 4 Lamec dijo: «Si siete veces será vengado Caín, Lamec en verdad setenta veces siete lo será» (v. 24). Esto nos dice que el ser humano sin Cristo ha impuesto una cadena interminable de rencor, mientras que con el Señor sucede todo lo contrario: con Él hay una libertad inagotable, de eso se trata el perdón, de libertad. El perdón constante termina con destruir una cadena infinita de venganza y de odio.

Toda persona que está en una posición de liderazgo obligatoriamente tiene que ser una persona que perdone constantemente, pues está tratando con personas, y las personas son una masa de sentimientos. Manfred F.R. Kets, hablando de este importante tema, dice lo siguiente:

> Como líder, usted opera en entornos plagados de conflictos que, si no se resuelven, pueden convertirse en un lastre para la eficacia de una organización. Las personas que no pueden perdonar quedan atrapadas en una espiral

descendiente de negatividad, y se llevan consigo a todos los que los rodean. Los buenos líderes están conscientes de lo costoso que es guardar rencores, y de cómo una actitud no suavizada impedirá que la gente avance.[34]

Los líderes negativos son aquellos que no tienen el poder para perdonar al prójimo, y cuando se sienten dañados, en lugar de perdonar, responden con represalias y venganzas; y esto, desde luego, destruye las relaciones y el liderazgo: todo liderazgo se trata de eso, de relaciones. Por otro lado, sabemos que existen personas que están bajo uno de estos liderazgos por causa de algún interés personal; sin embargo, en cuanto puedan, ellos intentarán liberarse de ese liderazgo tóxico.

Es verdad, existen bastantes líderes para quienes la venganza es lo más recurrente, antes que el perdón. La naturaleza caída exige justicia: queremos que los demás sean castigados por aquello que nos hicieron; la reacción natural es ese sentido de justicia, tomar represalias y buscar el castigo para los demás es algo que parece estar programado en nuestro cerebro; sin embargo, el poder de Dios es absolutamente suficiente para vencer todo lo malo y hacernos pensar y sentir como Jesús, quien, estando colgado en la cruz, sufriendo lo indecible, desde ahí perdonó a sus ofensores.

En el caso de Absalón, la razón de su rebeldía tenía sus raíces en la amargura; su liderazgo era un liderazgo negativo, él no quería el liderato porque deseara el bienestar de los demás, sino que lo deseaba tan solo para satisfacer sus deseos de venganza.

IV. La ceguera del anhelo de poder: la subversión

Los líderes negativos están llenos de una falsa imagen del liderazgo. Ellos anhelan poder, quieren sentirse poderosos, sentirse que ellos son los que tienen el mando, la autoridad suprema. Al mismo tiempo, no les gusta estar bajo ninguna autoridad, y se enfadan si alguno de sus compañeros crece.

Absalón fue capaz de sublevarse contra su propio padre; sus ojos se cegaron y olvidó todo el bien que había recibido siendo un príncipe. Como príncipe, Absalón tenía enormes privilegios en Israel, su vida estaba llena de

---

[34] Manfred F.R. Kets de Vries, "Leaders who can't forgive", diciembre 04, 2013, Harvard Business Review. https://hbr.org/2013/12/leaders-who-cant-forgive (accedido 10/2/2023).

bendiciones que bien podría valorar, y por las cuales estar agradecido. Sin embargo, en lugar de eso, Absalón dejó que su corazón se llenara de una ilusión enfermiza: convertirse en el rey de Israel, aun cuando esto significaba aplastar y dar muerte a su propio padre. El deseo de poder no tiene paradero; es un barril sin fondo, el corazón no se llena jamás.

Muchos casos se han visto en la historia de este tipo de líderes. Rasmus Hougaard, Jacqueline Carte y Louise Chester, ejecutivos de Potential Project, una compañía de consultoría global dedicada a la investigación y al desarrollo del liderazgo, refieren el caso del escándalo de fraude en Wells Fargo Bank para ilustrar como la enfermedad del poder termina con las personas. Ellos dicen:

> En 2016, John Stumpf, el entonces director ejecutivo de Wells Fargo fue llamado por el congreso para contestar cuatro horas de preguntas respecto a un fraude masivo de 1.8 billones de dólares en activos efectuado mediante la creación de más de 2 millones de cuentas falsas. Ante esa situación, Stumpf despidió 5,300 empleados inculpándolos de ello. El caso de Stumpf, y su comparecencia ante el congreso parece mostrar una falta total de capacidad para mostrar compasión por otras personas. Aunque sus acciones provocaron que 5,300 personas perdieran sus empleos, él no estuvo jamás arrepentido por ello [...] El comportamiento de John Stumpf se puede explicar por la investigación realizada por el neurocientífico Sukhvinder Obni, quien descubrió que el poder perjudica nuestra actividad neurológica espejo, la función neurológica relacionada con la capacidad de comprender a los demás y asociarse con ellos. David Owen, médico y miembro del parlamento británico, ha denominado a este fenómeno «El síndrome de la arrogancia: un trastorno de la posesión del poder, particularmente el poder que ha sido asociado con un éxito abrumador, mantenido durante un período de años.[35]

Absalón estuvo acostumbrado a tener poder toda su vida; tuvo gente a su mando, y no estuvo dispuesto a arrepentirse por lo que había hecho a su hermano Amnón, aunque tuvo la oportunidad. Cuando su padre le dio tiempo para el arrepentimiento, en lugar de mostrar humildad, tomó una actitud

---

[35] Rasmus Hougaard, Jacqueline Carter, and Louise Chester, "Power can corrupt leaders. Compassion can save them", febrero 15, 2018. Harvard Business Review. https://hbr.org/2018/02/power-can-corrupt-leaders-compassion-can-save-them (accedido 10/7/2023).

arrogante y represiva. Esta actitud le llevó a la subversión y finalmente a la muerte. Absalón ciertamente era un gran líder, pero dejó que su corazón se llenara de arrogancia, no estuvo dispuesto al arrepentimiento y sin este arrepentimiento la reconciliación con su padre no sería posible; por tanto, cuando Absalón fue a la presencia de su padre, su reconciliación con él fue un acto de hipocresía.

V. La hipocresía les es inherente

Otra de las características de los líderes negativos es la hipocresía. La hipocresía es fingir cualidades y sentimientos contrarios a los reales, a los que están presentes en el individuo. Absalón fingió cuando se ponía a la puerta de la ciudad de Jerusalén. Él fingía que era una persona muy bondadosa, que estaba dispuesta a escuchar a todos, y hacerles justicia. Le hablaba con suma amabilidad, y les hacía reverencia, fingiendo que era una persona muy humilde, «De esta manera hacía con todos los israelitas que venía al rey a juicio; y así robaba Absalón el corazón de los de Israel» Con su hipocresía logró «robar» el corazón de muchos en Israel (2 Samuel 15:6).

Los líderes negativos tienen una agenda secreta; intenciones que están en lo profundo de su corazón; y estas intenciones no tienen que ver en lo más mínimo con beneficiar o ayudar a crecer al prójimo, antes bien, son deseos egoístas embarnizados con dulzura y bondad.

También la hipocresía suele presentarse cuando existe un fracaso. Es común que los teóricos del liderazgo digan: «El fracaso es necesario para el éxito… bla, bla, bla». Sin embargo, la verdad es que la gran mayoría de los líderes no exponen sus fracasos, no los aceptan ni los admiten.

Justin Brady, en su artículo "Don't be a hypocrate about failure." Presenta cuatro detrimentos que causan este tipo de hipocresía. Él dice: 1) Si no puedes admitir el fracaso, no podrás conectarte con tu equipo (aquí, Brandy se refiere a que, si como líder no estás dispuesto a compartir tus propios fracasos, tampoco lograrás una buena conexión con los miembros de tu equipo). 2) Si no puedes admitir el fracaso no podrás aprender de él. 3) Si no admites el fracaso no podrás tolerarlo en los demás; y 4) Si no puedes admitir el fracaso te resultará difícil manejar tus propios fracasos futuros. Por todo esto, es mejor ser honesto ante tus propios y errores y fracasos. Los líderes negativos son demasiado orgullosos para admitir que se equivocan y reaccionarán con hipocresía para tratar de cubrir sus errores.[36]

VI. No saben ni tienen interés en delegar

Sabido es que los buenos líderes son aquellos que saben delegar. John Maxwell escribió: «Si quieres hacer bien algunas pequeñas cosas, hazlas tú mismo. Si quieres hacer grandes cosas y generar un gran impacto, aprende a delegar».[37]

Las compañías más exitosas del mundo son aquellas cuyos directores y ejecutivos han aprendido a delegar; pues está comprobado que tal cosa genera más ganancias y crea más empleos. No obstante, los líderes negativos no saben o no tienen interés en delegar. Ellos piensan que deben hacer las cosas ellos mismos, pues haciéndolas ellos mismos es como saldrán bien; es decir, tienen miedo a que las cosas no resulten tan bien como ellos desean. Por otro lado, existe también una gran cantidad de líderes que saben que delegar es algo que deben hacer; sin embargo, simplemente no lo hacen. Otros son capaces de delegar tareas, pero no responsabilidades, ni autoridad. Para otros, delegar representa un riesgo para su reputación y piensan que si delegan esto implica que ellos son holgazanes, que no quieren hacer las cosas por ellos mismos.

La solución a estas problemáticas comienza con un cambio completo de actitud mental. El líder debe luego elegir la persona correcta para cierta tarea; cuando ya la hubo elegido, deberá ser claro en cuáles son sus responsabilidades y que tanta autonomía tiene esta para hacer las cosas, los resultados deseados deberán ser explicados en detalle. El líder debe asegurarse de que el miembro del equipo cuente con todos los recursos que necesita (dinero, entrenamiento, tiempo, lugar apropiado, la ayuda de otros, etc.) Asimismo, el buen líder establece metas para ser alcanzada en cierto tiempo; no obstante, no deja solo completamente a quien ha delegado algo: establece métodos para animarlo, reconocerlo, y premiar sus logros; crea un

---

[36] Justin Brady, "Don't be a hypocrite about failure", agosto 4, 2016, Career Coaching Harvard Business Review, https://hbr.org/2016/08/dont-be-a-hypocrite-about-failure (accedido 10/2/2023).

[37] John Maxwell, *Developing the Leader Around you* (Nashville, TN: Thomas Nelson, 1995), 309.

ambiente de motivación, interviene cuanto sea necesario, entrena, ajusta las expectativas (cuando estas fueron demasiado altas, p. ej.), y crea una idea fija de accesibilidad. Otra de las cosas importantes en la tarea de delegar es estar dispuesto(a) a tolerar los errores.

VII. Carecen de suficiente disciplina personal

La disciplina personal es una de las características esenciales del éxito. Sin embargo, esta puede aplicarse a distintas áreas de la vida. Para los líderes cristianos, la primera y más importante disciplina, por supuesto, es la disciplina espiritual; pero también hay otras disciplinas que no deben ser descuidadas. La disciplina física es también muy importante y va muy de la mano con la disciplina espiritual. El líder de éxito debe de disciplinar su mente también (para no pensar lo que no debiera), tener disciplina en sus finanzas, en sus negocios, y en sus emociones.

En cuanto a la disciplina emocional existe un dato histórico interesante respecto al presidente Abraham Lincoln. En 1863, el presidente escribió una carta mordaz a su general en jefe. En ella le condenaba el hecho de haber desperdiciado la oportunidad de poner fin a la Guerra Civil. Luego de escribir la carta, el presidente la dobló, y la guardó en su escritorio. Nunca la envió. Lincoln había entendido que la primera reacción emocional al enfrentar este tipo de situaciones es siempre contraproducente. La disciplina emocional, la cual es también parte de la inteligencia emocional, es sumamente importante para el liderazgo.

Los líderes negativos generalmente son indisciplinados en todas estas áreas; y si existe disciplina en un área no se debería descuidar la otra. Todas las disciplinas son importantes, aunque, desde luego, la disciplina espiritual es la más importante de todas, pues de ahí depende nuestra comunión con el Todopoderoso y nuestro éxito según Dios.

El líder efectivo dirige equipos, y los equipos son como soldados que necesitan entrenamiento y disciplina, un ejército sin disciplina es un ejército vencido. Por cierto, no todos los grupos de trabajo son equipos. Jon R. Katzenbach y Douglas K. Smith hacen una distinción entre la terminología *grupo* y *equipo*. Ellos dicen que los equipos no son un grupo cualquiera de individuos que trabaja en conjunto. Tampoco los comités, los consejos o grupos de trabajo son equipos necesariamente. El equipo se define en función de su desempeño, y en términos de resultados individuales y de aquello a lo que llamamos —dicen Katzenbach y Smith— «productos de trabajo colectivo». Un producto de trabajo colectivo es aquello en lo que dos o más miembros deben trabajar juntos, y un producto de trabajo colectivo refleja la contribución conjunta y real de los miembros del equipo.[38]

Katzenbach y Smith van más allá y diferencian los grupos de trabajo de los equipos diciendo:

> Los equipos dependen de algo más que de la discusión, del debate y de las decisiones grupales; de algo más que de compartir información y de estándares del desempeño de las mejores prácticas. Los equipos producen productos de trabajo discretos a través de las contribuciones conjuntas de sus miembros. Esto es lo que hace posibles niveles de desempeño mayores que la suma de todos los mejores resultados individuales de los miembros del equipo. En pocas palabras, un equipo es más que la suma sus partes.[39]

El líder que carece de disciplina jamás podrá formar un verdadero equipo; así que, la indisciplina pertenece al campo de los líderes negativos. A los líderes negativos no les interesa formar a las personas; y estos tampoco serán capaces de generar resultados sobresalientes debido a la indisciplina.

VIII. Tienden a manipular

En nuestros días el estilo autoritario de dirigir es el menos aceptado de todos. La sociedad en su conjunto está bien avisada de este tipo de liderazgo obsoleto y lo rechaza categóricamente. Si bien tuvo sus contribuciones en el pasado, los estragos y daños que trajo a la humanidad son muy evidentes. El ser humano, siguiendo los impulsos de su naturaleza caída, abusó del poder y fue capaz de cometer muchas atrocidades. No obstante, la sociedad se ha ido al extremo opuesto: tiene en su ADN una semilla de rebeldía irrestricta contra todo tipo de autoridad. Es por ello que los líderes de hoy necesitan adoptar

---

[38] Jon R. Katzenbacj y Douglas K. Smith, "The discipline of teams", julio-agosto, 2005, Harvard Business Review. https://hbr.org/2005/07/the-discipline-of-teams (accedido 10/2/2023).a

[39] Ibid.

estrategias sensibles a las necesidades humanas y acordes a la sociedad contemporánea. Más aún, los líderes cristianos deben de seguir los lineamientos bíblicos, y la ética cristiana debe de regir estrictamente su modo de liderazgo.

Es así que los líderes negativos no alcanzan a entender en dónde está la línea fina de la persuasión y de la manipulación. Existe manipulación cuando un individuo asume el control de la conducta y sentimientos de otra persona o grupo de personas usando para ello estrategias y técnicas de sugestión y seducción. Por otro lado, en muchas ocasiones las personas pueden estar tomando decisiones sin tener la suficiente información, y es ahí donde una persona bien informada puede persuadir o convencer a otros. Veamos este versículo bíblico que se refiera a Pablo cuando estaba en Corinto: «Y discutía en la sinagoga todos los días de reposo, y persuadía a judíos y a griegos» (Hechos 18:4).

Aquí Pablo trataba con todas sus fuerzas de persuadir a los corintios de seguir a Cristo y al evangelio. El buen líder convence, persuade, pero el líder negativo utiliza la manipulación para lograr sus objetivos.

El investigador Ron Carucci, autor del libro *To Be Honest and Rising to Power* escribe para Harvard Business Review:

> La ciencia del comportamiento nos dice que los comportamientos manipuladores, como criticar excesivamente, ofrecer halagos falsos, distorsionar información, fingir impotencia e infligir culpa, son a menudo mecanismos para sobrevivir en un entorno especialmente difícil o competitivo. Son particularmente atractivos cuando una persona siente que carece de suficiente poder y control. Lamentablemente, en muchas organizaciones, la manipulación se ha convertido en un sustituto aceptable de las formas positivas de influencia. Incluso —y esto es peor aún— a menudo la manipulación se ve reforzada por la cultura y los sistemas que ahí existen en la organización. Mi propia investigación lo confirma. Cuando la toma de decisiones carece de transparencia, las personas tienen 3.5 veces más probabilidades de embellecer la verdad [esto ocurre cuando una persona agrega detalles ficticios o exagera hechos o historias reales].[40]

---

[40] Ron Carucci, "How to mentor someone who has manipulative tendencies", julio 21, 2020, Harvard Business Review. https://hbr.org/2020/07/how-to-mentor-someone-who-has-manipulative-tendencies (accedido 10/3/2023).

A menudo los líderes negativos manipulan a otros porque no encuentran maneras lícitas y razonables para convencerlos. La manipulación, como bien lo dice Carucci, incluye elementos característicos como la distorsión de información, el fingimiento de impotencia y la imputación de culpa. El manipulador no toma en cuenta los intereses y bienestar de las personas, sino únicamente su beneficio personal.

IX. Son eminentemente egoístas

Otra de las características distintivas de los líderes negativos es que son eminentemente egoístas. El término egoísta no es nada popular y siempre se asocia con un defecto en el carácter. No obstante, no siempre lo que pensamos es egoísmo lo es realmente, y quizá esto que pensamos es egoísmo es necesario en ocasiones, por el bien holístico, pensar primero en nosotros mismos. Cuando viajamos en avión se nos advierte que, si ocurre una emergencia, debemos primero ponerlos la máscara de oxígeno nosotros mismos, y luego ayudar a los demás. La Biblia misma dice que pensemos primero en nosotros mismos. Jesús dijo en Marcos 13:9 «Pero mirad por vosotros mismos...»; luego en Lucas 17:3 (tratando de un tema distinto) Jesús dijo: «Mirad por vosotros mismos. Si tu hermano pecare contra ti...»; también en Lucas 21:34 vuelve a repetir las mismas palabras. Luego Pablo, cuando habla a los ancianos de Éfeso, dijo: «Por tanto, mirad por vosotros, y por todo el rebaño en que el Espíritu Santo os ha puesto por obispos» (Hechos 20:28).

Esto quiere decir que el líder debe estar seguro de que está a salvo él mismo primero, que tiene la fuerza suficiente, que está bien preparado, etc. Esto, ¿es egoísmo? No necesariamente, pero es algo necesario.

En este respecto, Vijay Govindarajan (profesor de Negocios Internacionales en la Universidad de Dartmouth [New Hampshire] y Srikanth Srinivas [vicepresidente de Solution Innovation en MEDecision]) dicen que si el egoísmo del líder se trata de ocuparse de sus sentimientos [p. ej.], esto no solo traerá beneficios a él o ella mismo(a) sino a todos aquellos que lo siguen. Continúan diciendo que es necesario que el líder pare de dañarse a sí mismo y empiece a acarrear bendición para él o ella.[41]

Govinfarajan y Srinivas tienen razón, el líder cristiano debe ocuparse de llenarse de Dios él o ella mismo primero, antes de poder ministrar a otros; debe ser sano emocionalmente, antes de que sea capaz de ayudar a los quebrantados de corazón. No obstante, del egoísmo que estamos hablando en este apartado es de aquel que es destructivo, aquel que no hace las cosas para bien común, sino para el mero placer y goce personal; esta es la clase de egoísmo que posee el líder negativo.

A continuación, enlistaré más de las características que líderes negativos suelen tener (muchas de las cuales estaban presentes en Absalón, el ejemplo que utilicé en este capítulo como ilustración):

1. Establecen una pobre relación con Dios.
2. Buscan hacer su propia voluntad.
3. Dependen más de sus habilidades y del entrenamiento que de Dios.
4. No se interesan en el consejo de la palabra de Dios.
5. No ponen en práctica los principios de la palabra de Dios.
6. Su conducta ética no va de acuerdo con los parámetros divinos.
7. No rinde cuentas a nadie.
8. Su vida personal y sus relaciones con otros no es transparente.
9. Le es difícil mantener sus emociones controladas.
10. No se manifiesta el fruto del Espíritu en su vida.
11. Posee pobres relaciones interpersonales.
12. Se esconde bajo una máscara.
13. Por cualquier cosa se irrita y explota en ira.
14. En sus labios abunda la amargura y el rencor.
15. Enfoca su atención sobre él mismo (en un goce meramente personal).
16. Trata de hacer todo el trabajo él o ella solo(a).
17. Es indisciplinado.
18. Es desorganizado.
19. Alza la voz para imponer su punto de vista.

---

[41] Vijay Govingarajan y Srikanth Srinivas, "be Selfish. Be Very Selfish", mayo 13, 2013, Harvard Business Review. https://hbr.org/2013/05/be-selfish-be-very-selfish (accedido 10/3/2023).

20. Descuida su salud física.
21. Es conformista.
22. No asume la responsabilidad de los errores que comete.
23. Se desanima con cualquier cosa negativa que se diga de él o ella.
24. No acepta los consejos de los demás.
25. Cree tener siempre la razón.
26. Cree que solo él o ella hace bien las cosas.
27. Se acredita los logros de los demás.

Resumen del capítulo 4

1. La gente en general asocia el poder con los líderes detractores (los que siempre se oponen), y desean estar bajo su liderazgo. 2. La encuesta de Eileen Y. Chou arrojó que la gente en general estaba más dispuesta a votar por el candidato que siempre hablaba negativamente, antes que aquel que los animaba. 3. Lo anterior quedará demostrado fehacientemente cuando satanás sea desatado después del milenio, ya que engañará a millones de personas en poco tiempo. 4. Los líderes negativos se caracterizan por tener un exceso de respeto por sí mismos, son narcisistas, no son enseñables, ni admiten reproche alguno. 5. Los narcisistas tienen dificultades para forjar relaciones a largo plazo debido a que estos buscan continuamente el reconocimiento de los demás para reforzar su autoestima. 6. Los líderes negativos guardan rencores y amargura en sus corazones; rehúsan aceptar su responsabilidad en los conflictos. 7. Aquellos que anidan rencores y amarguras no están preparados para dirigir porque terminarán creando un ambiente de odio y resentimientos en el equipo. 8. Si tú decides aislarte por miedo a ser dañado también estarás perdiendo la oportunidad de ayudar y bendecir a otros: es imposible brindar amor a otros sin ser vulnerable. 9. Los líderes negativos anhelan sentirse poderosos, no les gusta estar bajo ninguna autoridad y se enfadan si alguno de sus compañeros crece. 10. Otra característica de los líderes negativos es la hipocresía, esto es, fingir cualidades y sentimientos contrarios a los reales. 11. Los líderes negativos tiene una agenda secreta. 12. La gran mayoría de los líderes no exponen sus fracasos, no los aceptan ni los admiten. 13. Cuatro consecuencias de no admitir el fracaso: a) no podrás conectarte con tu equipo, b) no podrás aprender de ese fracaso, c)

no podrás tolerarlo en los demás, y d) te resultará difícil manejar tus fracasos futuros. 14. Los líderes negativos no saben ni tienen interés en delegar. 15. Si quieres hacer bien algunas pequeñas cosas, hazlas tú mismo; si quieres hacer grandes cosas y generar un gran impacto, aprende a delegar. 16. Los que no delegan creen que la única manera en que las cosas saldrán bien es haciéndolas ellos mismos. 17. Los líderes negativos no tienen suficiente disciplina personal. 18. Los líderes cristianos deben tener como su principal disciplina la disciplina espiritual; asimismo, la disciplina física e intelectual son disciplinas muy importantes. También la disciplina en las finanzas, en los negocios y en las emociones. 19. La primera reacción cuando se enfrenta una situación de ataque, es siempre contraproducente; el líder debe manifestar suficiente inteligencia emocional. 20. En nuestros días, el estilo autoritario de liderar es el menos aceptado, y la gente lo rechaza categóricamente. 21. Los líderes de hoy necesitan adoptar estrategias humanas acordes a la sociedad contemporánea.22. Los líderes negativos confunden, no distinguen entre la persuasión y la manipulación. 23. Existe manipulación cuando un individuo asume el control de la conducta y los sentimientos de otra persona o grupo de personas usando para ello estrategias y técnicas de sugestión y seducción. 24. Los líderes negativos son eminentemente egoístas. 25. No siempre lo que parece egoísmo realmente lo será, y en ocasiones la mejor estrategia es pensar primero en nosotros mismos.

Capítulo 5
PRIORIDADES DEL LIDERAZGO CRISTIANO

«Comienzo con la premisa de que la función del líder es producir más líderes, no más seguidores» —Ralph Nader.

Un líder no llega a ser líder de la noche a la mañana. Si damos una mirada a los líderes que Dios usó en la Biblia podremos notar cómo su preparación tomó bastante tiempo. Mediante el proceso que Dios los hizo pasar, Él deseó que aprendieran a poner en orden sus prioridades, y que tuvieran la perspectiva correcta.

De nada sirve tener una agenda apretada y llena de actividades si no tenemos ahí las actividades correctas. Lo que realmente importa es que existan las actividades correctas en el orden correcto, esto es, priorizadas. Entiéndase por prioridad una cosa que es más importante e imprescindible que otra. Un correcto listado de prioridades es algo fundamental para mantener un liderazgo saludable y duradero. Estas son cosas que, aun en presencia de situaciones adversas, el líder debe mantener, pues su éxito y preservación depende de ello.

I. La importancia de establecer prioridades

Cuando una persona no tiene bien establecidas sus prioridades, o bien, estas están colocadas incorrectamente, el resultado de ello será un ambiente de caos y de inestabilidad. En los tiempos de bonanza, cuando todo parece caminar como debe, es posible que aun en este ambiente favorable, una falla en el establecimiento de las prioridades esté generando un deterioro de ciertos fundamentos, que a la postre, traerán calamidades e inestabilidad; es por ello muy importante revisar constantemente las prioridades. Para un líder, el correcto establecimiento de las prioridades es algo sumamente fundamental y esencial.

Las eventualidades y cosas imprevistas; infortunios y altibajos inevitables, con situaciones que nos obligan a reevaluar las prioridades, y de ello pueden surgir cosas muy positivas. Sin embargo, el líder no debe esperar a que estas eventualidades se presenten antes de reestablecer sus prioridades correctamente.

Nihar Chhaya es un coach de líderes ejecutivos de varias de las empresas del 500 fortune, tales como Coca-Cola, American Airlines, Dell, y General Electric (entre otras); este, escribiendo para Harvard Business Review, dice:

La inestabilidad puede servir de impulso para fortalecer la destreza profesional [del líder] a largo plazo. [Este debía] considerar cómo la mayoría de las personas esperan para repensar su futuro hasta después de que una crisis ocurre (p. ej. un despido, o la necesidad de dejar la empresa debido a que el lugar se ha plagado de gente tóxica). No obstante, cuando ese punto ha llegado, resulta difícil obtener el conocimiento necesario de uno mismo antes de tomar decisiones por desesperación. En lugar de ello, el líder debe invertir en el desarrollo de su carrera mientras todavía tenga la sensación de control y elección, a fin de mantener la cabeza lúcida y que sea capaz de actuar con mayor sensatez.[42]

Lo que Chhaya está diciendo aquí, es que el establecimiento de las prioridades, con el listado correcto y en el orden correcto, debe de considerarse mayormente en tiempos de bonanza, a fin de no esperar a que luego surjan situaciones caóticas debido a su falta de atención. Por ejemplo, una de las prioridades es el cuidado de la salud. Si en tiempos en donde la salud física puede calificarse como buena o aceptable esta no se cuida, el descuido de esta prioridad podría desencadenar un decaimiento o desplome de toda la vida, e incluso podría traer consecuencias irreversibles.

II. Cómo establecer prioridades

El entendimiento de las prioridades es una de las tareas más importantes del líder de éxito. Estamos hablando de enumerar lo que se tiene que hacer primero en un ambiente de recursos finitos. Estas tareas representan un verdadero desafío de liderazgo.

Es natural que los líderes sabios establezcan sus prioridades tomando en cuenta tres variables: objetivos, recursos y tiempo. No se puede producir el efecto deseado de un proyecto sin objetivos precisos, suficientes recursos y un

---

[42] Nihar Chhaya, "Setting career priorities when everything is uncertain", Enero 07, 2022. Harvard Business Review. https://hbr.org/2022/01/setting-career-priorities-when-everything-is-uncertain (accedido 10/23/2023).

plazo razonable; y si tiras de una de las esquinas de ese triangulo, inevitablemente afectarás las demás.

Estas tres variables son importantes, pero no cabe duda que la variable de los recursos cobra mayor importancia; ya que, si no se tienen los recursos suficientes, cualquier proyecto podría parecer una simple ilusión.

El líder debe de asumir la importante tarea de asignar recursos a los objetivos que le parezcan que arrojarán mayor resultado hacia el cumplimiento de una meta establecida en el menor tiempo posible. De aquí tenemos tres clases de prioridades y tareas que ayudarán al líder a establecer un rango prudente: las prioridades críticas, las importantes, y las deseables.

Una prioridad *crítica* es aquella que debe de cumplirse satisfactoriamente en cierto tiempo, a toda costa. Una prioridad *importante* es una que, de lograrse, esta traerá un impacto positivo para el cumplimiento de la meta. Para estas iniciativas, los recursos son fijados y la variable es el tiempo. Es una inversión fija. Finalmente, una prioridad *deseable* es un esfuerzo cuyos recursos y tiempo son variables. Va en tercer lugar.

Dicho lo anterior, lo que determina el establecimiento de las prioridades es la meta que cada persona se ha propuesto. Para el cristiano, la meta diaria es hacer la voluntad de Dios para su vida personal; pero también este debe tener el entendimiento del plan que Dios quiere para su vida. Así es que, para el líder cristiano, el establecimiento de sus prioridades deberá reflejar el deseo de Dios para su vida; y si toma en cuenta estos tres tipos de prioridades (las críticas, las importantes y las deseables), podría cumplir el plan de Dios para su vida de manera más satisfactoria.

Una vez que el líder ha establecido cuáles son los proyectos urgentes, los importantes y los deseables, estará en posición de asignar recursos, tiempo y los apropiados objetivos (los resultados esperados) a cada una de estos proyectos.

Así pues, los conceptos que hemos visto en este subtema nos ayudarán a entender la naturaleza de las prioridades que veremos en el resto de este capítulo. Las prioridades son pequeños proyectos diarios que necesitan recursos, tiempo y un objetivo, y estas prioridades se catalogan en críticas, importantes y deseables.

III. Cristo y el establecimiento de prioridades

> Por tanto os digo: No os afanéis por vuestra vida, qué habéis de comer o qué habéis de beber; ni por vuestro cuerpo, qué habéis de vestir. ¿No es la vida más que el alimento, y el cuerpo más que el vestido? Mirad las aves del cielo, que no siembran, ni siegan, ni recogen en graneros; y vuestro Padre celestial las alimenta. ¿No valéis vosotros mucho más que ellas? ¿Y quién de vosotros podrá, por mucho que se afane, añadir a su estatura un codo? Y por el vestido, ¿por qué os afanáis? Considerad los lirios del campo, cómo crecen: no trabajan ni hilan; pero os digo, que ni aun Salomón con toda su gloria se vistió así como uno de ellos. Y si la hierba del campo que hoy es, y mañana se echa en el horno, Dios la viste así, ¿no hará mucho más a vosotros, hombres de poca fe? ¿No os afanéis, pues, diciendo: ¿Qué comeremos, o qué beberemos, o qué vestiremos? Porque los gentiles buscan todas estas cosas; pero vuestro Padre celestial sabe que tenéis necesidad de todas estas cosas. Mas buscad primeramente el reino de Dios y su justicia, y todas estas cosas os serán añadidas (Mateo 6:25-33).

Este pasaje, aunque tiene el tema principal de la ansiedad, en conexión, habla de las prioridades. Las prioridades tienen conexión directa con la ansiedad del ser humano. Dice aquí que lo más importante es buscar el reino de Dios y su justicia. Esto quiere decir que Dios tiene un reino que es superior a los reinos de la tierra, y todos los que han venido a Jesucristo con arrepentimiento y fe se han constituido en ciudadanos de ese reino. Ese es el reino que los hijos de Dios (sus ciudadanos), deben tener como prioridad. Y ese reino tiene una justicia, un orden de reglamentos, y principios que son muy diferentes a los de los reinos terrenos. Por tanto, Dios ha prescrito cómo es que es ese reino y cuáles son las reglas de ese reino. Para Dios lo más importante es que todo ser humano sea salvo, y que los que han creído en Cristo perseveren en Él. En ese reino la prioridad es la adoración al Dios vivo. La regla y justicia de ese reino es el amor. En los reinos de la tierra el opresor, el malhechor, quien hace algún daño al prójimo, debe pagar por ello. Sin embargo, la justicia del reino de Dios es el perdón; es pedir perdón a los otros; es amar a los enemigos, y hacer bien a los que nos hacen mal.

Pero también en ese pasaje habla de las prioridades del ser humano. Dice que la vida tiene prioridad sobre el alimento, y el cuerpo tiene prioridad sobre el vestido. Quien ha recibido de Dios vida, tiene una razón por la cual estar agradecido con Dios. Y aunque en algún momento pareciera *no tener* comida;

sabe que, si Dios alimenta los pajaritos, Él también lo alimentará a él. Un ejemplo de esto lo tenemos cuando el pueblo de Israel cruzó el mar Rojo. La vida de ellos fue rescatada mediante el tremendo poder de Dios, pero luego, ellos tuvieron hambre y se quejaron por ello. ¿Por qué no agradecer a Dios y confiar, que Aquel que les había salvado la vida también les podría dar el alimento que ellos necesitaban? La vida tiene prioridad sobre el alimento.

En el pasaje, Jesús establece también la prioridad de la vida humana sobre la vida de los animales. Y una consideración más: el cuerpo es más importante que el vestido. La salud del cuerpo es mucho más importante que tener vestidos costosos. Si una persona goza de buena salud, aunque se vista de harapos, tiene un tesoro mucho más valioso que un rico enfermo que se viste con esplendidez; sin embargo, otra vez, Jesús dice que Dios vestirá a sus hijos mucho mejor que los lirios del campo y dice que «hará mucho más por ustedes».

IV. Las prioridades en base a lo que tenemos hoy

Los líderes cristianos deben tener una correcta apreciación de sus prioridades basándose en la gratitud a Dios. La gratitud a Dios, se puede decir, es una base firme para el establecimiento del reino de Dios. La Biblia dice que el reino de Dios no consiste en las cosas materiales ni en las cosas temporales de esta vida como la comida o la bebida, sino en la justicia, la paz y el gozo, cosas que son posibles mediate el Espíritu Santo (Romanos 14:17).

La vida es pasajera y muy vertiginosa. Se pasa rápido, y en la habilidad para tomar las decisiones correctas, consiste la calidad de vida aquí, y la vida eterna. Si tú estuvieras en el lecho de muerte, ¿qué es lo que te pesaría no haber hecho? La Biblia nos habla de un hombre que a quien se le entregó un talento, pero este, en lugar de negociar con él para presentar ganancias a su Señor, lo escondió, porque tuvo miedo a perderlo. Es más importante intentar alcanzar nuestros sueños (de acuerdo con la voluntad de Dios), y luchar por ellos, que no intentar nada por miedo al fracaso.

Las prioridades de la vida deben estar bien establecidas desde la niñez. Una prioridad debe ser, antes que todo, encontrar la felicidad (el reino de Dios es gozo, Rom. 14:17). Y la felicidad está más cerca de nosotros de lo que podemos imaginar. No está en las cosas materiales, ni en alcanzar logros, títulos, o posesiones materiales, la felicidad está en lo que ya hemos recibido de Dios ahora. Por tanto, si lo meditamos bien, las cosas que tenemos —sean cuales sean— son suficientes para ser felices. Si tenemos a Dios, salud, gente que nos ama y un trabajo, estas son cosas básicas cuyo valor es suficiente para estar agradecidos y felices.

Pero si no tuviésemos algunas de estas cosas, todo se remite a lo más importante: nuestra relación con Dios, al reino de Dios y su justicia. Por tanto, en la apreciación positiva de la vida está la verdadera felicidad, y esto es posible mediante la ayuda del Espíritu Santo. Así que, el líder cristiano exitoso es aquel que vive agradecido en la vida, sea cual sea su situación, apreciando con gratitud lo que tiene y de lo que disfruta ahora.

V. La prioridad de Dios y la prioridad del líder cristiano

Está claro que la prioridad de Dios con respecto a la creación del Génesis es el ser humano, la salvación de las almas. El plan redentor de Dios mediante la persona de Jesucristo es el tema principal de las Escrituras. «Porque de tal manera amó Dios al mundo, que ha dado a su Hijo unigénito, para que todo aquel que en él cree, no se pierda, mas tenga vida eterna. Porque no envió Dios a su Hijo al mundo para condenar al mundo, sino para que el mundo sea salvo por él» (Juan 3:16-17).

Por tanto, esta debe ser la prioridad del cristiano en general, pero más de los líderes cristianos. Cualquier líder cristiano que no tenga esta prioridad, ha perdido el rumbo respecto a su ministerio y a su propósito de vida.

Sin embargo, la voluntad de Dios no es solo que una persona en algún momento de su vida venga a los pies del Maestro y se arrepienta y crea en Jesús de todo corazón, sino también, la voluntad de Dios es la santificación del cristiano (1 Tesalonicenses 4:3), es decir, que los creyentes vivan en santidad, y permanezcan en Cristo. Por tanto, la prioridad del líder cristiano está centrada en las personas, pues haciendo esto, estará coincidiendo con la prioridad de Dios.

El líder cristiano debe centrar sus esfuerzos en el desarrollo de la gente, esa es su función principal como líder. El desarrollo de la gente es la responsabilidad prioritaria del líder cristiano, y esta es, de hecho, la función más satisfactoria. El líder cristiano debe de descubrir la pasión y propósito de cada persona; ayudar a los jóvenes a descubrir sus talentos, dones y propósito de vida. Identificar aquello a lo que la gente da valor, y ayudar a reevaluar tales conceptos de ser necesario. Asimismo, el líder cristiano ayuda a la gente a desarrollar sus habilidades y a expandir sus competencias; su función encaja bien con la de un entrenador en el terreno de la vida; no solo de la vida espiritual, sino de prácticamente todos los aspectos de la vida.

El líder cristiano desafía a la gente a superarse, a vivir experiencias con Dios y experiencias en ayudar a los demás. El líder cristiano desarrolla líderes, crea una red de líderes, crea mentores, sabe cómo manejar situaciones sociales complejas. La prioridad del líder cristiano es la gente.

VI. Las prioridades del líder cristiano en su devoción y vida

A. La vida de oración

Hablando de las prioridades que nutren al líder cristiano para cumplir su papel y función, es decir, para trabajar con gente, es necesario considerar cinco prioridades personales.

La prioridad más importante en la vida del líder, la cual nutre su vida para dar a otros, es su vida de oración. El líder no podrá dar de aquello de lo que carece; y él o ella necesita pensar en su propia fortaleza antes de estar en posición de ayudar a otros. Un pasaje muy apropiado respecto a esto se encuentra en 1 Samuel 30.

David huía de Saul y se refugió en tierra de los filisteos, con el rey Aquis, rey de Gat. Y cuando los filisteos iban a pelear contra Israel, Aquis tenía tanta confianza en David, que estuvo dispuesto a que le ayudara a pelear en contra de su propio pueblo. Sin embargo, cuando este los trajo a David y a sus hombres al frente de batalla, los otros reyes de las otras cuatro ciudades principales de los filisteos no pensaron igual que Aquis, y despidieron a David y a sus hombres. En ese momento David, quien vivían en la ciudad de Siclag, regresó con sus guerreros para darse cuenta de que la ciudad había sido tomada por los amalecitas. Estos habían secuestrado a sus familias y luego, la ciudad había sido incendiada.

Ante semejante panorama, los hombres de David alzaron la voz y lloraron; y dice la Biblia que lloraron «hasta que les faltaron las fuerzas para llorar» (v.4). Entonces, más adelante, el relato bíblico dice: «Y David se angustió mucho, porque el pueblo hablaba de apedrearlo, pues todo el pueblo estaba en amargura de alma, cada uno por sus hijos y por sus hijas; mas David se fortaleció en Jehová su Dios» (v. 6). David sabía que él tenía que orar a Dios, a fin de fortalecerse primero él mismo, pues de otra manera, sería incapaz de hacer algo por los demás.

En el libro de los Hechos, en el ejemplo de la iglesia primitiva, podemos apreciar la prioridad de la oración en las palabras del apóstol Pedro cuando dijo: «Y nosotros persistiremos en la oración y en el ministerio de la palabra» (Hechos 6:4). En el contexto de esta frase, la iglesia primitiva estaba enfrentando un problema logístico: no se estaban atendiendo lo suficientemente bien las viudas de los griegos. Los apóstoles estaban saturados de trabajo, y la iglesia les exigía que ellos mismos también sirvieran a las mesas. Esta tarea era una tarea de servicio que evocaba a lo que ellos vivieron en Juan 13, cuando Jesús mismo lavó sus pies. No obstante, Pedro tenía que establecer las prioridades; y lo más importante para los apóstoles —como líderes de la iglesia del Señor— era (y es para todos los siervos de Dios) su vida de oración.

Orar debe ser la primera prioridad de todo líder cristiano, y este no debería dirigir si no toma el tiempo suficiente para orar. E. M. Bounds dijo: «Los hombres son el método de Dios; la Iglesia busca mejores métodos; Dios busca mejores hombres… el Espíritu Santo no fluye por medio de los métodos sino a través de los hombres. Él no desciende sobre la maquinaria sino sobre los hombres. Él no unge planes sino hombres, hombres de oración».

El evangelio de Marcos nos dice (hablando de Cristo Jesús): «Levantándose muy de mañana, siendo aún muy oscuro, salió y se fue a un lugar desierto, y allí oraba» (Marcos 1:35). En este pasaje tenemos el ejemplo del líder más grande de todos los tiempos, Jesús nuestro Salvador. Si Él, siendo el Hijo de Dios apartaba tiempo de una manera prioritaria para orar (muy de mañana, siendo aún oscuro) ¿Cómo nosotros no lo haríamos también? Wesley L. Duewel habla al respecto lo siguiente: «Tu tarea de líder cristiano es demasiado grande para ti. Su imponente inmensidad debe llevarte a orar. Tu vocación es demasiado grande para ti y tu llamamiento es demasiado sagrado. Pero Dios está dispuesto a ayudarte en tu ministerio si estás dispuesto a pagar el precio de orar».[43]

---

[43] Wesley L. Duewel, *Ardiendo Para Dios* (Medley, FL: Editorial Unilit, 1995), p. 241.

Un liderazgo atareado sin una adecuada vida de oración inevitablemente se traducirá en un liderazgo débil espiritualmente; uno que depende únicamente de la razón y de la fuerza física. Al preguntarle a Lutero acerca de la agenda de uno de sus días de trabajo, él respondió: «Trabajo, trabajo, desde temprano hasta la tarde. De hecho, tengo tanto que hacer, que me pasaré las primeras tres horas orando».[44]

Por tanto, si un ministerio y un liderazgo espiritual no está debidamente fundamentado en tiempos prolongados de oración, será un ministerio sin el apoyo de Dios. Y tarde que temprano el líder se verá obligado a sostenerlo con los medios humanos, con estrategias humanas, con métodos seculares, con atracciones, con luces, con tecnología, con todo lo del mundo, pero no con lo genuino, lo que viene del cielo. Eso es precisamente lo que ocurre con muchos ministerios en nuestros días. En este libro se incluyen muchas ideas útiles para el liderazgo; estrategias, métodos, directrices esenciales basadas en la experiencia de otros; modelos que han resultado exitosos. Sin embargo, para el líder cristiano, el recurso indispensable es Dios mismo; él o ella tiene que doblar sus rodillas y pasar diariamente suficiente tiempo con Dios a fin de que reciba de Él la dirección perfecta para su caso. Las ideas contenidas en este libro son consideradas las mejores a nivel mundial y han sido probadas con éxito en muchos casos, son ideas contemporáneas y actualizadas; sin embargo, al líder cristiano le resultará imposible su aplicación si no ora. La oración en fe mueve la mano de Dios y Él abre las puertas. Él también cierra las puertas que está causándole confusión. La vida de oración continua y fervorosa siempre será una vida de éxito.

B. La meditación de las Escrituras

La segunda prioridad del líder cristiano es la lectura, meditación y estudio de la Palabra de Dios. El líder cristiano debe pasar suficiente tiempo nutriéndose de la Palabra. Dios le indicó al gran líder Josué lo siguiente: «Nunca se apartará de tu boca este libro de la ley, sino que de día y de noche meditarás en él, para que guardes y hagas conforme a todo lo que en él está escrito; porque entonces harás prosperar tu camino y todo te saldrá bien» (Josué 1:8).

---

[44] Duewel, p. 94.

Un líder cristiano debe de guiar su vida y la de otros a través de los principios de la Palabra de Dios, la Biblia. La voluntad y el entendimiento del líder deben ser guiados y gobernados por los preceptos divinos; este debe estar siempre dispuesto a aprender y recibir, de la Palabra de Dios, el consejo apropiado para su vida y ministerio.

El salmista también experimentó los efectos de dedicar tiempo a esta noble disciplina (la lectura, la meditación y el estudio de la Palabra) cuando escribe: «Sino que en la ley de Jehová está su delicia, Y en su ley medita de día y de noche. Será como árbol plantado junto a corrientes de aguas, Que da su fruto en su tiempo, Y su hoja no cae; Y todo lo que hace prosperará» (Salmo 1:2-3).

El siervo de Dios, el líder cristiano y todo aquel que dirige a un grupo de creyentes, necesita tener un serio conocimiento de la Palabra de Dios, a fin de desempeñar su tarea con la luz suficiente; de otra manera, estará corriendo el riesgo de enseñar herejías o ideas que no son bíblicas e inclusive contrarias a la Palabra. Asimismo, todo aquel que ya ha pasado por un proceso de aprendizaje, sino continúa estudiando, meditando y leyendo las Escrituras, llegará un momento que lo que hubo aprendido hace años, se le empezará a olvidar, y su vida espiritual decaerá estrepitosamente.

La vida de oración debe combinarse con el conocimiento profundo de las Escrituras, pues de otra manera la oración del tal no agradará a Dios. La Biblia dice: «El que aparta su oído para no oír la ley, Su oración también es abominable» (Proverbios 28:9).

Ahora bien, sabemos también que la lectura, la meditación y el estudio de la Palabra no son provechosos si no se *practica* la Palabra; sin embargo, no puede alguno justificar su pereza diciendo que hay quienes hacen esto y carecen de un buen testimonio. Siempre necesitamos rogarle a Dios en oración que nos ayude a poner en práctica su Palabra. La oración de David era: «Vivifícame según tu Palabra» (Salmo 119:25).

C. Tiempo en familia

Lo que el líder cristiano debe de considerar como su tercera prioridad es el tiempo que dedica a su familia. Esta es una de las áreas más delicadas en el liderazgo cristiano. Evitemos que las tareas del liderazgo socaven las bases de la relación familiar y en especial, de la relación matrimonial. Se necesitará guardar un balance entre ambos, el ministerio y la familia. De hecho, nuestro primer ministerio es la familia. Por otro lado, debemos también tener cuidado de que las urgencias y las prioridades de la familia no lleguen a asfixiar el llamado al liderazgo ministerial. Muchos líderes cristianos, al descuidar su familia, pierden el balance y han pagado una factura muy alta; por tanto, es muy importante evitar los extremos.

Josué, el sucesor de Moisés declaró a la multitud del pueblo de Israel en su discurso de despedida unas palabras de gran impacto para el líder cristiano, él dijo: «...pero yo y mi casa serviremos a Jehová» (Josué 24:15), con este ejemplo quiero decir que, sí se puede lograr servir a Dios y al mismo tiempo cuidar y velar por la familia, la cual es un regalo de Dios.

D. La prioridad de forjar líderes

La cuarta prioridad para el líder cristiano es dedicar tiempo para forjar otros líderes. El Señor Jesucristo le dio mucha importancia a este punto. La Biblia nos dice que Él llamó a doce discípulos para que estuvieran con Él (Marcos 3:14). Cuando estos doce estuvieron con el Señor, Él les dedicó tiempo, y los fue forjando; a fin de que estos desarrollasen su máximo potencial como futuros líderes. La estrategia que usó Cristo para este proceso fue la enseñanza. Esta enseñanza fue teórica, pero a la vez práctica, pues los discípulos pudieron ver cómo Cristo aplicó la Palabra de Dios, y toda enseñanza que Él dio a sus discípulos la practicó primero. Asimismo, en el apóstol San Pablo, siguió los mismos principios.

Pablo dedicó tiempo para instruir a otros discípulos, aquellos que a su vez llevarían la obra de Dios hasta lo último de la tierra. En una de sus cartas, Pablo dice a Timoteo: «Lo que has oído de mí ante muchos testigos, esto encarga a hombres fieles que sean idóneos para enseñar también a otros» (2 Timoteo 2:2).

Forjar a otros líderes no es tarea fácil. El forjador de líderes tiene que poseer una serie de rasgos particulares para tener éxito en su encomiable tarea. Entre ellos, en conjunto con lo que ya he mencionado como características positivas del liderazgo cristiano (capítulo 3), y en otras secciones de este libro, están, entre otras, las siguientes:

1. La paciencia.
2. La Perseverancia.
3. La capacidad de dar ánimo.
4. La capacidad de comunicar eficientemente.
5. La capacidad de asesorar o aconsejar con prudencia.

E. La salud física

La quinta y última prioridad del líder cristiano que incluyo aquí —y esto es algo fundamental, y no por ser mencionada al final por ello menos importante que las otras— es la salud física. Es sumamente importante que el líder se preocupe por mantener una buena salud.

Pareciera que este no es un asunto espiritual, pero sí lo es. Nuestro cuerpo es templo del Espíritu Santo y debemos de cuidarlo para dar un mayor y mejor rendimiento en la tarea del liderazgo. Una lista de cosas mínimas que debemos de tener en cuenta respecto al cuidado de la salud (y esto de manera sumamente superficial), es la siguiente:

1. Mantener una dieta balanceada.
2. Visitar periódicamente al médico para un chequeo general (se recomienda al menos una vez al año).
3. Descanso suficiente (dormir 7 u 8 horas); un día de descanso semanal; y vacaciones anuales.
4. Ejercicio físico diario (p. ej. una caminata de 30 min cada día).
5. Tomar suficiente agua.
6. Limitar el consumo de bebidas excitantes y azucaradas (café, bebidas de cola, té negro y verde, jugos, etc.)
7. Limitar el consumo de azúcares y sal.
8. Exponer el cuerpo al sol.
9. Evitar el estrés y la ansiedad.
10. Cepillar los dientes con frecuencia.
11. Cuidar de la voz.
12. Cuidar de la vista.
13. Invertir cierto tiempo por semana para la recreación (en especial con su familia).

Dios nos hizo tripartitos: con un alma (inmaterial), con un espíritu (inmaterial) y con un cuerpo físico (material); y somos responsables de cuidar estas tres áreas de nuestra vida. El cuidado de cada una de estas partes es importante y no podemos caer en el error de obsesionarnos respecto al cuidado de una de ellas, y descuidar las otras partes de nuestro ser, pues cada una de ellas es importante. En conclusión, mantener un estilo de vida saludable establecerá una buena plataforma para desarrollar también un liderazgo saludable.

En este capítulo hemos visto lo importante que es establecer prioridades en la vida. Muchas de las ideas contenidas en este capítulo te ayudarán a establecer las prioridades correctas; y cuando estas prioridades se conviertan en la fuerza motriz de tu vida, marcharás por un camino seguro rumbo al éxito de tu liderazgo cristiano.

Resumen del capítulo 5

1. Un correcto listado de prioridades es algo fundamental para mantener un liderazgo saludable y duradero. 2. El líder debe invertir en el desarrollo de su carrera mientras todavía tenga la sensación de control y elección, a fin de mantener la cabeza lúcida y ser capaz de actuar con mayor sensatez. 3. Es natural que los líderes establezcan sus prioridades tomando en cuenta tres variables: objetivos, recursos y tiempo (no se puede producir el efecto deseado de un proyecto sin objetivos precisos, suficientes recursos y un plazo razonable). 4. El líder debe asumir la importante tarea de asignar recursos a los objetivos que le parezcan que arrojarán mayor resultado respecto al cumplimiento de una meta establecida en el menor tiempo posible. 5. Hay tres tipos de prioridades: las críticas, las importantes y las deseables. 6. Una prioridad crítica es aquella que debe cumplirse satisfactoriamente en cierto tiempo, a toda costa. Una prioridad importante es aquella que, de lograrse, traerá un impacto positivo para el cumplimiento de la meta; la deseable es una cuyos recursos y tiempo son variables. 7. En el pasaje de Mateo 6:25-33 Jesús nos habla de las prioridades, tema que tiene conexión directa con la ansiedad del ser humano. La prioridad debe ser buscar el reino de Dios y su justicia. 8. Los líderes cristianos deben tener una correcta apreciación de sus prioridades basándose en la gratitud a Dios. Esta

es la base firme para el establecimiento del reino de Dios. **9.** Las prioridades de la vida deben estar bien establecidas desde la niñez. **10.** En la apreciación positiva de la vida está la verdadera felicidad, y esto es posible mediante la ayuda del Espíritu Santo. **11.** La prioridad de Dios es la salvación de las almas, y esta debe ser también la prioridad del cristiano en general, pero aún más de los líderes cristianos. **12.** También la voluntad de Dios es la santificación de las personas que han sido salvas (1 Ts. 4:3), así, la prioridad de los líderes cristianos deberá ser la edificación espiritual de las personas. **13.** El líder cristiano ayuda a la gente a desarrollar sus habilidades y a expandir sus competencias. **14.** El líder cristiano desafía a la gente a superarse, a vivir experiencia con Dios y experiencias en ayudar a los demás. **15.** Las prioridades del líder cristiano deberán incluir, en primer lugar, su devoción y consagración a Dios: una vida de oración (necesita fortalecer su alma en la comunión con Dios); asimismo, debe dedicar suficiente tiempo a la meditación de las Escrituras (a la lectura, meditación y estudio de la Palabra de Dios); en tercer lugar, debe dedicar tiempo a su familia; y en cuarto, debe priorizar el ejercicio físico y el mantenimiento de una buena salud física, la cual es algo fundamental. **16.** Las prioridades en el ejercicio del liderazgo cristiano deberán centrarse en todos los esfuerzos necesarios para forjar nuevos líderes.

Capítulo 6
Los peligros del liderazgo cristiano

«El que cree que es líder, pero nadie lo sigue, solo está dando un paseo» —John Maxwell.

Todos los líderes debieran de estar dispuestos a mejorar. El liderazgo es un proceso de aprendizaje continuo. La manera en que todos aprendemos es mediante el estudio o mediante la experiencia, la teoría y la práctica; y los errores sirven al proceso de aprendizaje. Se podría definir *aprendizaje* simplemente como «adquirir conocimientos nuevos»; sin embargo, vivimos es un mundo cada vez más sofisticado en donde los procesos y los métodos para hacer las cosas cambia constantemente. La automatización, el uso de la inteligencia artificial, la robótica, etc. son conceptos que están revolucionando el mundo. El capital intelectual se ha vuelto en lo más valioso que posee una compañía, el *know how* (saber cómo [hacer las cosas]) es un valor esencia, pero ese *know how* cambia constantemente. Tomas Chamorro-Premuzic tiene un comentario atinado respecto a esto, él dice: «Las investigaciones muestran que las oportunidades de desarrollo se han convertido en el segundo factor más importante de la felicidad en el lugar de trabajo (después de la naturaleza del trabajo en sí)».[45] Esto quiere decir, que los empleados de las compañías están muy preocupados por las oportunidades que se les ofrecen para su desarrollo o para aprender cosas nuevas; ellos saben que no pueden quedarse en un mismo punto, pues el mundo avanza vertiginosamente cada día.

En este ambiente de cambio constante, los líderes deben lidiar con problemas cada vez más complejos. ¿Y qué del liderazgo cristiano? El líder cristiano debe aprender constantemente a afrontar nuevos retos en un mundo caótico y cambiante, al tiempo de continuar con los principios básicos de su liderazgo espiritual. El líder cristiano debe estar consciente de los peligros que atentan contra su liderazgo y estar siempre preparado y alerta. En este capítulo veremos algunos de los peligros más importantes del liderazgo cristiano.

---

[45] Tomas Chamorro-Premuzic, "How to Strengthen Your Curiositiy Muscle", noviembre 02, 2023, Harvard Business Review. https://hbr.org/2019/02/making-learning-a-part-of-everyday-work (accedido 11/8/2023).

I. Los peligros del liderazgo en general y del liderazgo spiritual

Tenemos que hacer, antes que todo, una definición de términos. El liderazgo en general es atacado por los problemas derivados a los cambios en el mundo y en la sociedad. Ciertamente el líder debe adquirir una virtud inherente a su proceso de aprendizaje: la curiosidad. El líder debe incursionar en terrenos que antes jamás imaginó que incursionaría. Sin embargo, existe ante ello un gran peligro: dedicar tiempo a aquello que no estimulará el crecimiento, aquellas cosas que no agregan valor a su liderazgo. Esto es, no se trata de curiosear por curiosear.

Aquí es donde entra la enorme importancia de fortalecer nuestro liderazgo espiritual. El Espíritu Santo es quien modela y dirige nuestros caminos, Él sabe el conocimiento que necesitamos y Él lidera nuestro destino. Si mantenemos una poderosa relación con Dios, el Espíritu Santo nos mostrará los caminos en los que debemos andar. La Biblia dice:

«Te haré entender, y te enseñaré el camino en que debes andar; Sobre ti fijaré mis ojos» (Salmo 32:8).

En el capítulo anterior vimos lo importante que es elegir bien nuestras prioridades, y en base a ello, aprender. Debemos estar siempre en un proceso de aprendizaje continuo. Y para aprender necesitamos tener curiosidad, avanzar y tomar nuevos retos. El líder es por naturaleza curioso; él o ella sabe elegir las prioridades correctas y hace un esfuerzo deliberado para aprender, para tener experiencias novedosas, y cierra gradualmente la brecha entre lo que sabe y lo que quiere saber.

Si pudiéramos establecer un peligro central en el liderazgo sería este: que el líder pierda su habilidad para evolucionar, para sobreponerse a los cambios; cuando pierde su perspicacia y curiosidad y su sentido de urgencia, cuando se duerme en sus laureles e ignora felizmente una amenaza inminente hacia su liderazgo (cosa que vienen comprendiendo cuando es demasiado tarde).

En cuanto al liderazgo espiritual, es obvio que existen todos los peligros mencionados en la palabra de Dios, los peligros para el alma. Los mismos que existen para todos los creyentes, pero que se agudizan en el caso de los líderes, pues los líderes son blanco del enemigo.

Sería preferible que el líder cristiano se mantenga alejado de todo aquello que atente contra su alma, pero no siempre es posible. Mientras hay peligros que pueden evitarse y que dependen directamente de la responsabilidad de la persona, existen otros que están fuera de su alcance. Dios los permite con algún buen propósito.

En cuanto a los peligros que el líder cristiano puede evitar, Pablo escribe a su amigo el pastor Timoteo: «Ten cuidado de ti mismo...» (1Timoteo 4:16). Mientras tanto, el profeta David ruega a Dios que lo libre del mal, de pecados que estuvieran fuera de su conciencia, y dice: «¿Quién podrá entender sus propios errores? Líbrame de los que me son ocultos (Salmo 19:12)». Jesucristo, en la oración modelo nos enseñan a orar diciendo: «... y no nos metas en tentación, mas líbranos del mal» (Lucas 11:4).

Ahora bien, ¿cómo pudiéramos saber si nuestro liderazgo está en peligro? ¿Cómo podríamos darnos cuenta de que está fracasando? ¿Cuál podría ser una señal evidente? Tanto para el líder en general como para el líder espiritual el fracaso o el debilitamiento de su liderazgo puede evidenciarse cuando este ha perdido o está perdiendo su autoridad e influencia. Hay diferentes situaciones que pueden hacer a un líder perder su autoridad; pero tratándose del liderazgo espiritual, está claro que su fracaso está directamente ligado a su vida de santidad. Veremos ahora un poco de este asunto de la pérdida de la autoridad antes de pasar a los peligros del liderazgo.

A. La pérdida de la autoridad

Se puede decir que un liderazgo ha fracasado o está en proceso de fracasar cuando este ha pedido o está perdiendo su autoridad. Y con esta pérdida de autoridad no me refiero a que pierda un título formal de mando, o que deje de tener poder para ejercer arbitrariamente una autoridad. La autoridad se expresa en distintas maneras, pero en nuestro contexto se podría definir como la capacidad para ejercer influencia en los demás.

El liderazgo es mucho más que tener una autoridad, pero si no existe autoridad no existe liderazgo. La gente seguirá a quien tenga autoridad, ya sea formal o informal; y la autoridad debe provenir de algún lado. Hablando sobre este tema, Francisco González, profesor del área de Dirección de personas y Director del Excutive MBA en Barna Management School dice para la IPADE Business School:

El liderazgo es una necesidad real. La autoridad siempre viene de afuera, o bien se lleva esa autoridad formal o se da por reconocimiento externo por parte de los colaboradores, de la gente que se tiene a cargo. Un líder debe tener autoridad. Para hacer crecer la empresa se requiere de una autoridad informal, un verdadero prestigio...[46]

Existen distintas razones por las cuales un líder puede perder su autoridad como líder. Si un líder no tiene autoridad se convierte en un simple compañero de los demás, y como dice Maxwell, «no tiene seguidores». El liderazgo por tanto está íntimamente ligado a la autoridad.

Ronald Heifetz & Marty Linsky, hablado sobre este interesante tema dicen:

El peligro puede adoptar numerosas formas. El líder puede ser atacado directamente en su carácter y estilo para así evadir las discusiones respecto a sus iniciativas. Este puede ser marginado, forzado a la posición de identificarse tanto con un tema, que su autoridad sea socavada. Es posible que se deje seducir por sus seguidores, temeroso de perder su aprobación y afecto, de manera que no les exija que hagan los sacrificios necesarios para que sus iniciativas tengas éxito. Es también posible que la gente lo desvíe de su objetivo, y lo abrume con los detalles del día a día para lograr mantenerlo ocupado y preocupado.[47]

Lo que Heifetz y Linsky están diciendo es que hay quienes atentan en contra de nuestro liderazgo, y para derribarlo, la estrategia que adoptan es atacar nuestro carácter y estilo. Si ellos son capaces de encontrar un defecto en lo cual enfocarse lograrán socavar la autoridad del líder y con ello todo su liderazgo. Luego, el líder, en su desesperación por mantener su liderazgo, y temeroso de perder la aprobación de los seguidores, empieza a bajar el estándar y a no exigirles a estos a hacer lo propio para alcanzar las metas que inicialmente se había propuesto que alcanzara el equipo. Este líder, si se deja seducir y actúa de esta manera, aunque permanezca en el puesto y con el mismo título, ha perdido su liderazgo y las metas que se había propuesto no

---

[46] Francisco González, "Autoridad y liderazgo", octubre 27,2022, IPADE NewsMedia https://www.ipade.mx/2022/10/27/autoridad-y-liderazgo/#:~:text=El%20liderazgo%20es%20una%20necesidad,Un%20lÍ%C3%ADder%20debe%20tener%20autoridad. (accedido 11/8/2023).

[47] Ronald Heifetz & Marty Linsky, "A Survival Guide for Leaders», junio, 2002, Harvard Business Review. https://hbr.org/2002/06/a-survival-guide-for-leaders (accedido 11/8/2023).

serán alcanzadas. Así también, para el caso de los líderes espirituales, el enemigo quiere que nos volvamos vulnerables y que perdamos nuestra autoridad espiritual.

Mientras que para ejercer el liderazgo es indispensable la autoridad, Greg Satell habla de que la autoridad por sí sola hace también el liderazgo insostenible: se necesita credibilidad. Él dice: «Mientras que la autoridad impele a la acción, hace poco para inspirar credibilidad. No es suficiente hacer que la gente haga lo que tú quieres, sino que ellos *quieran* hacer lo que tú quieres, pues de otra manera, cualquier cambio está condenado a fenecer».[48]

Ahora bien, Dios ha dado al cristiano autoridad sobre las fuerzas del mal. Cristo Jesús dijo: «Sí, les he dado autoridad a ustedes para pisotear serpientes y escorpiones y vencer todo el poder del enemigo; nada les podrá hacer daño» (Lucas 10:19, NVI). Sin embargo, esta autoridad no puede permanecer si no existe una verdadera y genuina conexión con la persona de donde proviene esa autoridad, esto es, Cristo Jesús. La manera de mantenerse conectado a Cristo es mediante la santidad, la santidad es el ambiente de Dios, por eso dice la Biblia: «Seguid la paz con todos, y la santidad, sin la cual nadie verá al Señor» (Hebreos 12:14). La estrategia del enemigo es hacer que el cristiano peque, pero mientras el cristiano se mantiene unido al Señor mediante la oración y la Palabra, él no lo podrá lograr. Fue por ello que, cuando el diablo quiso dañar a Daniel, su estrategia fue que este dejara de orar por espacio de un mes. Las Escrituras dicen: «Todos los gobernantes del reino, magistrados, sátrapas, príncipes y capitanes han acordado por consejo que promulgues un edito real y lo confirmes, que cualquiera que en el espacio de treinta días demande petición de cualquier dios u hombre fuera de ti, oh rey, sea echado en el foso de los leones» (Daniel 6:7 NIV).

Sin embargo, vemos lo que sucedió con el líder Daniel: él no hizo caso a la provocación del enemigo y no vio ningún peligro en el edicto del rey. Él sabía que, si permanecía en santidad y en buena comunión con el Señor, continuaría manteniendo su autoridad en contra del enemigo, y al final él, como siervo del Señor, saldría victorioso. Todos sabemos el desenlace de la historia, Daniel supo mantener su autoridad y no se intimidó por las amenazas del diablo.

---

[48] Greg Satell, "To create change, Leadership is more important than authority", abril 24, 2014, Harvard Business Review, https://hbr.org/2014/04/to-create-change-leadership-is-more-important-than-authority (accedido 11/8/2023).

B. La pérdida de la visión

Otro de los más grandes peligros que enfrenta un líder es la pérdida de la visión, cuando pierde la capacidad de ver hacia adelante, de lo que sigue. Es fácil para aquellos que han alcanzado cierto éxito pensar que son inamovibles. El rey David, inspirado por el Espíritu Santo dijo: «En mi prosperidad dije yo: No seré jamás conmovido, Porque tú, Jehová, con tu favor me afirmaste como monte fuerte. Escondiste tu rostro, fui turbado» (Salmos 30:6-7).

En este último pasaje vemos como el rey David había sido bendecido por Dios. Dios lo había afirmado como «monte fuerte», por lo tanto, él pensó que jamás sería conmovido. Esto implica que quizá bajó su nivel de búsqueda de Dios y de consagración al Todopoderoso. Por eso luego dice: «Escondiste tu rostro, fui turbado». Su actitud de autocomplacencia y de pereza espiritual tuvo una respuesta de Dios y David fue turbado.

Es interesante el caso de John Antioco. Antioco es conocido por haber sido el director ejecutivo de Blockbuster Video. En el año 2000 esta compañía era dirigida muy exitosamente por Antioco y se había convertido en un negocio multimillonario; tenía negocios por todo el mundo y estaba en la cúspide. Al estar en esa posición Antioco creía que ahí seguiría para siempre. En ese mismo año, Reed Hastings le ofreció Netflix a Antioco. Netflix en ese entonces era una compañía naciente que no tenía mucho éxito, una compañía que Hastings le quiso vender a Antioco por $50 millones. Sin embargo, John Antioco, sentado en su trono de poder, y lleno de toda la autosuficiencia del mundo, rechazó la oferta. No tuvo visión. Netflix ahora es una de las compañías más poderosas que existen. Blockbuster video se fue a la banca rota y en 2019 cerró la última tienda que tenía en el mundo; mientras tanto, Netflix se convirtió en una compañía con valor de 191 miles de millones dólares.

La pérdida de visión es uno de los más grandes peligros del líder. El líder cristiano nunca puede estar satisfecho; si Dios no está satisfecho, él o ella no puede tampoco estar satisfecho. El apóstol Pablo escribía a Timoteo: «Porque yo ya estoy para ser sacrificado, y el tiempo de mi partida está cercano. He peleado la buena batalla, he acabado la carrera, he guardado la fe. Por lo demás, me está aguardada la corona de justicia, la cual me dará el Señor, juez justo, en aquel día; y no solo a mí, sino también a todos los que aman su venida» (2 Timoteo 4:6-8). Él dijo a Timoteo que estaba cerca su partida de este mundo. Sin embargo, él no perdió la visión, pues todavía, estado quizá a días de partir, le escribe también a Timoteo: «Trae, cuando vengas, el capote que dejé en Troas en casa de Carpo, y los libros, mayormente los pergaminos» (v. 13). Pablo pensaba aprovechar hasta el último segundo que estuviese en este mundo, nunca dejó de ser un hombre de visión.

C. La tentación del orgullo

La Biblia dice: «Antes del quebrantamiento es la soberbia, Y antes de la caída la altivez de espíritu» (Proverbios 16:18). La palabra de Dios habla del orgullo como un mal bastante destructivo. En las narraciones de los reyes, el Señor hace referencia a dos reyes que fueron leales a Él al principio, que le sirvieron de corazón sincero, que se esforzaron por hacer su voluntad y que por ello fueron prosperados. Sin embargo, luego de que Dios los prosperó, ellos se enaltecieron en sus corazones. Fue entonces que se cumplió este pasaje que he mencionado de Proverbios: ellos tuvieron que pagar graves consecuencias.

El primer rey es Uzías. Uzías fue hijo de Amasías, y su padre le había dejado una maravillosa herencia, pues Amasías fue un rey que hizo lo recto ante los ojos del Señor. Uzías empezó a reinar cuando tenía 16 años, pero a pesar de tener tan corta edad, él decidió seguir al Señor con todo su corazón, tanto, que la Palabra declara: «Uzías hizo lo que agrada al Señor, pues en todo siguió el buen ejemplo de su padre Amasías... Mientras Uzías buscó a Dios, Dios le dio prosperidad (2 Crónicas 26:4-5 NVI). Y luego sigue diciendo: «Dios lo ayudó en su guerra contra los filisteos, contra los árabes que vivían en Gur Baal y contra los meunitas. Los amonitas fueron tributarios de Uzías; este llegó a tener tanto poder que su fama se difundió hasta la frontera de Egipto...» (vv. 7-8). Y después de que el escritor sagrado relata varias de las cosas que hizo Uzías, concluye: «Uzías llegó a ser muy poderoso y su fama se extendió hasta muy lejos» (v. 15).

Dios había prosperado en gran manera a Uzías, era un líder muy poderoso y de muchos alcances; no obstante, la Escritura sigue diciendo: «Sin embargo, cuando aumentó su poder, Uzías se volvió arrogante, lo cual lo llevó a la desgracia. Se rebeló contra el Señor, Dios de sus antepasados, y se atrevió a entrar en el Templo del Señor para quemar incienso en el altar...» (v.16). Los líderes cristianos que buscan al Señor tendrán grandes bendiciones por ello; Dios cumplirá su Palabra. La Biblia dice: «Gusta, y ved que es bueno Jehová; Dichoso el hombre que confía en él... Los leoncillos necesitan y tienen hambre; pero los que buscan a Jehová no tendrán falta de ningún bien» (Salmos

34:8,10). Por tanto, no es nada extraño ver a un líder prosperar por haber buscado al Señor; sin embargo, este entrará —debido a esa prosperidad— en un terreno peligroso: el terreno de la arrogancia.

El segundo rey del que quiero escribir brevemente es Ezequías, quien siendo uno de los mejores reyes que tuvo Judá, cayó en la tentación de la arrogancia. La Biblia dice: «Mas Ezequías no correspondió al bien que le había sido hecho, sino que se enalteció su corazón y vino la ira contra él, y contra Judá y Jerusalén» (2 Crónicas 32:25). Sin embargo, inmediatamente después dice también: «Pero Ezequías, después de haberse enaltecido su corazón, se humilló, él y los moradores de Jerusalén; y no vino sobre ellos la ira de Jehová en los días de Ezequías» (v.26).

Scott D. Anthony es profesor en Dartmouth College's Tuck School of Business [escuela que está en New Hampshire, y está ranqueada por la U.S. News & World Report en el lugar No.6 de escuelas de negocios]. Y él, escribiendo para el Harvard Business Review, dice:

> No hay nada de malo en que una empresa esté orgullosa de sus logros; después de todo, solo alrededor del 40 % de las empresas son capaces de celebrar su sexto cumpleaños. Si bien convertirse en líder de una industria o de cierta área geográfica puede implicar una dosis de suerte, también implica gran habilidad, determinación y trabajo duro. Sin embargo, cuando la confianza se convierte en arrogancia, puede cegar a una empresa ante el hecho de que las cosas que la convirtieron en una gran empresa no la convertirán en una gran empresa [en el futuro]. Ser un gigante en la industria actual no garantiza ni siquiera el éxito a corto plazo [...] Aprovechar el proceso de asignación de recursos comienza con una dosis de humildad. Cuando la confianza se convierte en arrogancia, conduce a una complacencia oculta que hace imposible el cambio. Si esperas demasiado el castigo llegará rápido y brutalmente. Pregúntale a Kodak, a la industria periodística estadounidense, a Reseach in Motion, y muchas otras más. [49]

Esto nos lleva al tema de la humildad. En su libro *La humildad*, Andrew Murray dice:

---

[49] Scott D. Anthony, "The Power of the Right Questions", febrero 10, 2011, Harvard Business Review. https://hbr.org/2011/02/the-power-of-the-right-questions

La creatura no solo tiene que voltear a ver el origen y primer hálito de su existencia y reconocer que todo lo debe a Dios, sino que ahora —y por toda la eternidad— su primer encargo, su más alta virtud y su única felicidad es presentarse asimismo como un vaso vacío en el cual Dios puede habitar y manifestar su poder y bondad.[50]

La humildad está íntimamente relacionada con la santidad del líder, por tanto, el líder cristiano necesita buscar al Señor para lograr vivir una vida de gozo en la presencia del Señor, y una vida humillada delante de Él le garantizará una vida de victoria.

II. Las tres tentaciones de Nouwen

El escritor Henri J.M. Nouwen menciona en su libro *In the name of Jesus*[51] [En el nombre de Jesús] algunas reflexiones muy interesantes con una fuerte aplicación al liderazgo cristiano en el siglo XXI. Nouwen presenta en su libro las tres tentaciones en las que el líder cristiano puede caer, y cómo estas tentaciones, si no se corrigen a tiempo, pudieran producir resultados catastróficos. Los tres peligros que menciona Nouwen son:

A. La tentación a creer que somos relevantes
B. La tentación a ser espectaculares, y
C. La tentación del poder

A. La tentación a creer que somos relevantes

En su libro, Nouwen hace alusión a las tres tentaciones que tuvo Jesús en el desierto. Y para ilustrar más claramente sus ideas, él habla de su experiencia cuando decidió irse a vivir en una casa de personas con deficiencias mentales en L'Arche (Francia). Él dice que la primera tentación que Jesús tuvo que pasar fue la tentación de creer que era relevante, es decir, la necesidad de ser alguien de gran impacto, alguien que lograra pisar sobre sus logros pasados y de ahí establecer una plataforma de prestigio. Henri Nouwen escribe:

---

[50] Andrew Murray, Eliud A. Montoya (tr.), *La humildad: versión completa actualizada con anotaciones explicativas* (Frederick, OK: Palabra Pura, 2021), 16.
[51] Henri J.M. Nouwen, *In the Name of Jesus* (New York: Crossroad, 1999).

La primera cosa que causó un *shock* en mí cuando vine a vivir a esa casa de personas con deficiencias mentales fue que su afección o antipatía por mí no tenía absolutamente nada que ver con cualquiera de las muchas cosas útiles que yo había hecho hasta entonces. Como ninguno de los enfermos mentales podía leer mis libros, yo no podía impresionarlos, y como la mayoría de ellos nunca había ido a la escuela, mis veinte años en Notre Dame, Yale y Harvard no me proporcionaban una presentación especial. Mi considerable experiencia ecuménica demostró tener menos validez todavía. Cuando le ofrecí carne a uno de los asistentes durante la cena, uno de los hombres deficientes me dijo: «No le dé carne, él no come carne, es presbiteriano.[52]

El diablo tentó a Cristo diciéndole: «Si eres Hijo de Dios, di que estas piedras se conviertan en pan», esto es como si le estuviera diciendo: «Tú tienes un prestigio de ser obrador de milagros, siendo que eres Hijo de Dios, demuestra que tienes la capacidad de satisfacer las necesidades humanas usando los poderes que te han sido otorgados». Cuando una persona por mucho tiempo ha hecho uso de algún poder y de algún prestigio que le ha sido útil en el pasado, y que ahora estas cosas no tienen ninguna relevancia en el contexto que actualmente se encuentra, esta situación podría ser para él o ella una gran fuente de ansiedad. Para ello —dice Nouwen—, el antídoto es la oración, depender totalmente del Señor. Dios es el pan del líder cristiano, y de Él y solo de Él depende.

En el trato que Dios tiene con el líder Él lo lleva a un sitio en donde todos sus logros del pasado no tienen ninguna relevancia, y no puede apoyarse en ellos en lo absoluto. Lo lleva a ser totalmente vulnerable, en donde mostrar amor es lo único que realmente importa. Para los enfermos mentales de la casa en donde Nouwen sirvió, todo lo que él había hecho en el pasado no tenía ningún significado, lo único que tenía valor en ese momento era dar amor, servir a esas personas necesitadas. Nouwen tuvo que refugiarse en la oración y reconocer que el verdadero sentido de la vida y su utilidad depende de Dios mismo. Asimismo, para poder dar amor, necesitaba primero amar al Señor sobre todas las cosas. Cuando amamos al Señor de verdad, Él mismo nos dará

---

[52] Ibid, 13.

el amor necesario para amar a las personas que estén bajo nuestro cuidado. Respecto a esto Nouwen continúa diciendo:

Antes que Jesús comisionara a Pedro para ser pastor, le preguntó: «Simón, hijo de Jonás, ¿me amas más que estos?» Después le preguntó nuevamente: «¿Me amas?» Y aun le preguntó una tercera vez: «¿Me amas?» Esta pregunta tiene que ser el centro de todo nuestro ministerio cristiano, porque es la pregunta que permite que seamos al mismo tiempo, irrelevantes y que tengamos verdaderamente autoconfianza.[53]

B. La Tentación de ser espectaculares

La segunda tentación de Jesús fue la tentación a ser espectacular: «Échate de aquí abajo; porque escrito está: A sus ángeles mandará acerca de ti, que te guarden. En sus manos te sostendrán». El diablo le sugería hacer algo unilateral, de manera individual, sin tomar en cuenta ni la voluntad de Dios ni la necesidad de los demás seres humanos, sino tan solo para mostrar que Él podía hacer algo espectacular de lo que todos podrían decir: «Oh, qué super hombre es este». Ciertamente Jesús hacía milagros e hizo muchos milagros, pero Él dijo: «Muchas buenas obras os he mostrado de mi Padre...» (Juan 10:32); «Si no yo hago las obras de mi Padre, no me creáis. Mas si las hago, aunque no me creáis a mí, creed a las obras...» (v. 37); «Porque las obras que el Padre me dio para que cumpliese...» (Juan 5:36), etc. Con estos otros versículos se puede demostrar que las obras que el Señor Jesús hacía no las hacía para hacer un espectáculo, sino simplemente por obediencia al Padre.

De la misma manera, el líder cristiano es tentado por el diablo para hacer cosas, no porque el Padre se las haya ordenado, sino simplemente para hacer *show*, para mostrarse como el super hombre o super mujer, para que los demás se den cuenta del gran talento que tiene o su gran capacidad; y esto es un llamado al individualismo: trabajar en forma individual sin tomar en cuenta las verdaderas necesidades de los demás.

Muchos de los líderes cristianos se ven a sí mismos con un sueño: estar enfrente de multitudes, ser aclamados por los demás. Ser populares entre los jóvenes, entre los adultos, y que la gente acuda a ellos en todo momento.

---

[53] Ibid, 17.

Sienten la ambición de ser grandes, de que su nombre aparezca por todas partes diciendo linduras. Estos sienten que en eso consiste el éxito, en ser una estrella, un héroe individual; en tener la imagen de un hombre o mujer que escaló hasta la cima, y lo hizo sin la ayuda de nadie. He escuchado a más de uno decir esto: «En los inicios fue muy difícil, y no recibí la ayuda de nadie, todos me cerraron las puertas». Pero si no recibieron ayuda de nadie —como ellos dicen—, ¿cómo es que lograron salir adelante? ¡Seguro que recibieron ayuda de alguien, y de muchas personas! He escuchado a pastores decir: «Yo levanté esta iglesia desde abajo...». Este es el sentimiento nocivo del que estamos hablando.

Los líderes cristianos necesitan entender bien —y esta comprensión es algo crítico— que el ministerio es «una experiencia comunitaria»[54]. El ministerio no fue diseñado por Dios para ser efectuado por celebridades, el ministerio es tarea de todos, y ser popular no es algo que importe para Dios. El líder cristiano no hace las cosas a nombre personal, ni en su propio nombre, sino en el nombre de Jesús, en representación de Jesús, y su nombre no es el nombre que importa sino el Nombre de Jesús. Nouwen dice: «Es más fácil para la gente reconocer cuando uno viene, no en su propio nombre, sino en el nombre del Señor Jesús, quien le envió»[55].

¿Cómo se logra vencer esta tentación? El líder cristiano debe pensar que no se trata de su gloria sino de la gloria de Dios. Él o ella también es un ser humano con las mismas necesidades que tienen los demás, y depende de Dios de la misma manera que los demás dependemos. Respecto a esto Nouwen dice que los ministros deben tener la apertura y voluntad humilde de confesar su propia necesidad y quebrantamiento para superar aquello que él llama «la trampa del heroísmo individual»[56].

Y puesto que no somos super hombres o super mujeres, nos necesitamos unos a otros, y puesto que nos necesitamos unos a otros, necesitamos siempre mantenernos unidos. Esto implica a su vez la necesidad de perdonarnos unos a otros. Debemos confesar nuestras faltas unos a otros y perdonarnos unos a otros porque nos necesitamos, somos un cuerpo, y trabajamos en equipo. En el cuerpo no hay lugar para *miembros espectaculares*.

---

[54] Ibid, 40.
[55] Ibid, 41.
[56] Ibid, 45.

C. La tentación del poder

La tercera y última tentación que menciona Nouwen en su libro es la tentación del poder. Él considera que esta es la tentación más seductora, pues parece que todos estamos obsesionados con el poder. El ser humano fue hecho para dominar en la tierra. Génesis 1:28 dice: «Y los bendijo Dios, y les dijo: Fructificad y multiplicaos; llenad la tierra, y sojuzgadla, y señoread en los peces del mar, en las aves de los cielos, y en todas las bestias que se mueven sobre la tierra». Sin embargo, este poder que le fue dado al ser humano era solamente sobre la creación inferior, no para que ejerciera dominio sobre otros seres humanos; sin embargo, el pecado hizo que el ser humano hiciera uso de la violencia para dominar sobre sus semejantes. Por tanto, la tentación es a asumir dominación, control y autoafirmación. Como lo dice Nouwen, Todas estas peligrosas tendencias refuerzas la ilusión de que «la vida es nuestra para disponer de ella».[57]

La tentación a ser poderosos es la más difícil de dominar debido precisamente a la obsesión del ser humano por el poder; y Nouwen nos recuerda que el poder siempre codicia mayor poder precisamente porque se trata de una ilusión. El poder no logra darnos la sensación de seguridad que pensábamos que tendríamos al tenerlo, sino más bien, revela nuestras propias debilidades y limitaciones haciéndonos creer que tendremos seguridad si tenemos aún *más* poder. Dice Nouwen, «seguimos creyendo que si tenemos más poder esto finalmente satisfará nuestra necesidad [de seguridad].[58]

También dice Nouwen: «Gran parte del liderazgo cristiano lo ejercen personas que no han desarrollado una intimidad sana, y han optado por el poder y el control. Muchos constructores de imperios cristianos han sido personas incapaces de dar y recibir amor».[59]

En su libro, Nouwen cuenta su experiencia en la casa de discapacitados mentales a donde se fue a vivir. Dice que él, al estar en ese ambiente, comprendió un misterio: ser líder significa ser liderado. Todos sabemos cuál fue

---

[57] Ibid, 61.
[58] Ibid, 62.
[59] Ibid, 60.

la tercera tentación de Jesús en Mateo 4, el diablo le ofreció todos los reinos del mundo y le dijo que se los daría si lo adoraba. ¿Por qué tantas personas abandonan las iglesias? ¿No será precisamente por causa de que los líderes hemos caído en la tentación del poder? Respecto a esto Nouwen dice:

> Una de las mayores ironías de la historia del cristianismo es que sus líderes constantemente cayeron ante la tentación del poder (poder político, poder militar, poder económico, poder moral y espiritual) aunque continuaron hablando en nombre de Jesús, quien no se apegó a su poder divino, sino que se humilló a sí mismo y se hizo como uno de nosotros. La mayor tentación de todas es considerar el poder como un instrumento apto para la proclamación del Evangelio.[60]

Jesús le dijo a Pedro: «Otro te conducirá»: «De cierto, de cierto te digo: cuando eras más joven, te ceñías, e ibas a donde querías; mas cuando ya seas viejo, extenderás tus manos, y te ceñirá otro, y te llevará a donde no quieras» (Juan 21:18).

¿Cuál es la solución que da Nouwen para no caer en esta tentación? Él dice que es necesario mantener nuestro pensamiento reflectivo en la teología. Dice que, así como la oración nos mantiene ligados al primer amor, la confesión y el perdón hacen nuestro ministerio más comunitario y recíproco, la intensa reflexión teológica nos hará discernir con sentido crítico hacia dónde estamos siendo guiados.

Pero, cómo podríamos definir esto de reflexión teológica. Patricia O' Connell Killen y John de Beer nos dan una definición muy precisa:

> La reflexión teológica es el proceso de buscar significado [a los pasajes bíblicos] el cual se basa en el rico patrimonio de nuestra tradición cristiana como fuente primaria de sabiduría y guía. Presume una profunda encarnación [de la Palabra] (Dios presente en nuestras vidas), una profunda providencia (Dios cuidando de nosotros), y una profunda revelación (cuando [la Palabra] se convierte en fuente de un mayor conocimiento de Dios y de uno mismo) y todo esto como cualidades de la experiencia humana.[61]

---

[60] Ibid, 62.
[61] Patricia O' Connell Killen John de Beer, *The Art of Theological Reflection* (New York: Crossroad, 1995), xi

La constante meditación en las Escrituras nos ayudará a situarnos en el lugar que necesitamos estar delante de Dios y de los demás. El Espíritu Santo convertirá esa palabra *logos* en palabra *rhema* dentro de nosotros a fin de que sea aplicada a nuestro comportamiento.

III. Los peligros descritos por el apóstol Pablo

Como última sección de este capítulo mencionaré algunos puntos bíblicos muy importantes mencionados por el apóstol Pablo. El liderazgo del apóstol San Pablo ha sido para mí uno de los liderazgos más impactantes e influyentes de la historia bíblica. Sus fuertes convicciones, actitudes y estrategias colocan al apóstol Pablo como uno de los grandes líderes del Nuevo Testamento. Analizando un poco más detalladamente sus pensamientos escritos a las iglesias de la época, puedo entresacar que el apóstol, en sus cartas, quería apercibirnos de los peligros que atentan contra liderazgo cristiano. A continuación, mencionaré algunos de ellos:

A. El peligro de estar golpeando al aire

"Así que, yo de esta manera corro, no como a la ventura; de esta manera peleo, no como quien golpea el aire» (1 Corintios 9:26).

En el liderazgo se trabaja y se forcejea. En el liderazgo hay desgaste y mucha inversión de tiempo; sin embargo, si no hay una meta bien definida, o si la meta no es la que Dios ha establecido, entonces el líder cristiano podría estar «golpeando al aire». Por otro lado, hay líderes que se dedican a muchas cosas a la vez, y para estos podría aplicarse el refrán, *le apuntan a todo sin tirarle a nada*. Hay que recordar siempre que la meta del liderazgo cristiano es glorificar a Cristo.

B. El peligro de ser reprobado

«Sino que golpeo mi cuerpo, y lo pongo en servidumbre, no sea que habiendo sido heraldo para otros, yo mismo venga a ser eliminado» (1 Corintios 9:27).

Retraerse, cansarse, descuidar las disciplinas espirituales, no tener una visión concreta, etc. Todo esto puede llevar al líder a ser reprobado o —dicho en las palabras del Apóstol aquí— *ser eliminado*.

C. El peligro de naufragar

«Manteniendo la fe y buena conciencia, desechando la cual naufragaron en cuanto a la fe algunos» (1 Timoteo 1:19).

Este es un término náutico que se aplica cuando una embarcación, por algún motivo, se arruina o destruye en el mar o en un río navegable. San Pablo exhorta a Timoteo a no descuidarse como líder, pues su fe y buena conciencia podrían llegar al punto de naufragar.

D. El peligro de no cumplir el ministerio

«Pero tú sé sobrio en todo, soporta las aflicciones, haz obra de evangelista, cumple tu ministerio» (2 Timoteo 4:5)

El ministerio no es fácil, y también, en algunas ocasiones, parecerá no ser muy agradable. Debemos recordar que el liderazgo cristiano más que una posición, debe de ser considerado un ministerio. No se trata de posición, sino de acción.

Resumen del capítulo 6

1. La tarea del líder cristiano es aprender constantemente a afrontar nuevos desafíos en un mundo caótico y cambiante, al tiempo de continuar con los principios básicos de su liderazgo espiritual. 2. El líder debe adquirir una virtud inherente a su proceso de aprendizaje: la curiosidad; este necesita incursionar en terrenos que antes jamás imaginó incursionar. 3. En lo anterior existe un peligro: dedicar tiempo a aquello que no estimulará el crecimiento, aquellas cosas que no agregan valor a su liderazgo, por esto, no se trata de curiosear por curiosear. 4. El Espíritu Santo es quien modela y dirige nuestros caminos, Él sabe el conocimiento que necesitamos y lidera nuestro destino. 5. Se puede decir que un liderazgo ha fracasado o está en proceso de fracasar cuando este ha perdido o está perdiendo su autoridad. 6. El liderazgo es mucho más que tener una autoridad,

pero si no existe autoridad no existe liderazgo. La gente seguirá a quien tenga autoridad, ya sea formal o informal. 7. Si uno llamado *líder* no tiene autoridad, se ha convertido en un simple compañero de los demás. 8. La estrategia que adoptan los opositores a un liderazgo es atacar el carácter y estilo del líder. 9. No es suficiente hacer que la gente haga lo que tú quieres, sino que ellos *quieran* hacer lo que tú quieres, pues de otra manera, cualquier cambio está condenado a fenecer. 10. Otro de los más grandes peligros que enfrenta un líder es la pérdida de visión, cuando este pierde la capacidad de ver hacia adelante. Esto se produce cuando un líder ha alcanzado cierto éxito. 11. El líder cristiano jamás puede estar satisfecho; si Dios no está satisfecho, él tampoco. 12. El orgullo es otro de los grandes peligros del líder. En la Biblia podemos leer varios casos de personas que fueron leales al Señor al principio, pero que luego, cuando tuvieron éxito, se llenaron de orgullo y cayeron. 13. Nouwen hace alusión a las tres tentaciones de Jesús en el desierto, las cuales, según su apreciación, fueron: a) la tentación de creer que somos relevantes; b) la tentación a ser espectaculares, y c) la tentación del poder. 14. El antídoto para la primera tentación mencionada por Nouwen es la oración, depender totalmente del Señor, Dios es el pan del líder cristiano, y de Él y solo de Él depende. 15. En la segunda tentación, el diablo le sugería a Jesús hacer algo unilateral, de manera individual, sin tomar en cuenta ni la voluntad de Dios ni la necesidad de los demás seres humanos, sino tan solo para mostrar que Él podía hacer algo espectacular, algo de lo que los demás podrían decir: «Oh, qué super hombre es este».16. La tercera tentación, la del poder, tiene que ver con asumir dominación, control y autoafirmación. 17. En este capítulo se mencionan también los peligros descritos por el apóstol Pablo: a) el peligro de estar golpeando al aire; b) el peligro de salir reprobado; c) el peligro de naufragar; y d) el peligro de no cumplir el ministerio.

Capítulo 7
El perfil del líder que Dios usa

«Cuando un hombre no sabe hacia dónde navega, ningún viento le es favorable» —Seneca.

El liderazgo cristiano, a diferencia de otros tipos de liderazgo, es algo más que tareas, metas y programas de trabajo. Aunque estas cosas son necesarias, el líder cristiano podría caer en la trampa de enfrascarse demasiado en ellas, haciendo que estas se conviertan en un fin en sí mismo. Por lo tanto, todo líder cristiano debe recordar que su liderazgo involucra trabajar con personas que necesitan ser ministradas espiritualmente, y que su trabajo involucra áreas muy sensibles del ser humano.

Dios nos usa, aun sabiendo que somos «vasos de barro»; y esto de que somos «vasos de barro» siempre debe estar presente en nuestras mentes y corazones: que somos vulnerables y frágiles. Si Dios nos utiliza a pesar de nuestras imperfecciones y defectos, es solo por su infinita misericordia. Sin embargo, no deberíamos de encontrar en nuestras imperfecciones y defectos (cosas que todos tenemos) una excusa para no esforzarnos y mejorar, puesto que, a la luz de la Palabra, Dios usa personas que cumplen con ciertos requisitos. De algunos de estos requisitos estaré hablando en este capítulo. Desde luego que esta lista está lejos de ser exhaustiva, sin embargo, mediante su lectura y comprensión, tendremos una mejor idea respecto a este importante tema.

Tenemos en la Palabra de Dios el ejemplo de David. David fue uno de los más grandes líderes de todos los tiempos y tipo de nuestro Señor Jesucristo. De este David, la Biblia declara: «Porque a la verdad David, habiendo servido a su propia generación según la voluntad de Dios...» (Hechos 13:36). Esto que se menciona de David aquí será punto de partida para hablar del liderazgo de este gran hombre de Dios, y así ejemplificar el perfil del líder que Dios quiere usar.

En este capítulo estaré hablando de las directrices que guían a los líderes y de las características que Dios buscan en ellos para usarlos.

I. Es dirigido por el Espíritu Santo

Todo cristiano necesita ser dirigido por el Espíritu Santo. El apóstol Pablo, hablando de parte de Dios dice: «Porque todos los que son guiados por el Espíritu de Dios, los tales son hijos de Dios» (Romanos 8:14, LBLA). Cuando una persona está sin Cristo, sus directrices son muy distintas a las de un cristiano verdadero. Una persona que aún no se ha rendido completamente al Señor tomará decisiones en base al dinero y a los placeres, tal como dice Efesios 2:1-3: «y Él os dio vida a vosotros, que estabais muertos en vuestros delitos y pecados, en los cuales anduvisteis en otro tiempo según la corriente de este mundo, conforme al príncipe de la potestad del aire, el espíritu que ahora opera en los hijos de desobediencia, entre los cuales también nosotros en otro tiempo vivíamos en las pasiones de nuestra carne, satisfaciendo los deseos de la carne y de la mente, y éramos por naturaleza hijos de ira, lo mismo que los demás» (LBLA).

A. La dirección del Espíritu mediante la Palabra

Pero ahora en Cristo Jesús, el cristiano obedece al Espíritu y es dirigido por Él. Ahora bien, ¿cómo es efectuada esta dirección? En primer lugar, podemos conocer la naturaleza de la dirección del Espíritu al escudriñar la Palabra de Dios, la Palabra nos da a conocer lo que Dios espera de nosotros, y lo que nosotros podemos esperar de Dios. Cuáles son las condiciones del pacto que tenemos con Él, pero también los privilegios de este pacto. En 2 Corintios 3:6 Pablo habla de ese pacto y lo llama «pacto del Espíritu», y este pacto es un *contrato* —digámoslos así— que Dios ha hecho con nosotros; y este *contrato* nos servirá de manual para encontrar la dirección del Espíritu. Dios nos habla mediante su Palabra, y nos enseña el camino que hemos de elegir: «Te haré entender, y te enseñaré el camino en que debes andar; Sobre ti fijaré mis ojos» (Salmos 32:8). Por tanto, leer y escudriñar la Palabra de Dios es indispensable para caminar dirigidos por el Espíritu Santo.

B. La dirección del Espíritu mediate el liderazgo cristiano

En segundo lugar, el cristiano es ciertamente dirigido por el Espíritu, pero esto no significa que el cristiano recibe «iluminación» directa del Espíritu y no necesita seguir la dirección de hombre o mujer alguno sobre la tierra. No, más bien, Dios ha puesto a líderes que nos guían, y estos líderes son utilizados por el Espíritu Santo para dirigirnos en los caminos del Señor. Todos los cristianos —incluso los líderes mismos— necesitan este tipo de dirección. Así es que toda persona que está sometida a la dirección del Espíritu estará también sometida a la dirección de sus líderes terrenales.

C. La dirección del Espíritu mediante la razón humana

En tercer lugar, la dirección del Espíritu Santo también es mediante la razón humana. No podemos espiritualizarlo todo ni dejar que todo se convierta en algo subjetivo o místico. En la actualidad existen cristianos que a todo le encuentran un significado y ven en todo «señales de Dios». Por ejemplo, uno de estos cristianos se levanta por la mañana y ve por la ventana un cuervo que está comiéndose unas semillas. Entonces, dice: «El diablo me quiere robar la semilla... el predicador dijo que diera de ofrenda lo que tengo para pagar la renta, Dios me está hablando...». Dios ha dado un raciocinio al hombre para que lo use; somos también seres racionales y Dios espera que desarrollemos al máximo nuestra racionalidad. La razón no debe interponerse con la fe, pues son dos campos que deben ayudarse mutuamente. Como dice el apóstol Pablo: «...lo cual también hablamos, no con palabras enseñadas por sabiduría humana, sino con las que enseña el Espíritu, acomodando lo espiritual a lo espiritual. Pero el hombre natural no percibe las cosas que son del Espíritu de Dios, porque para él son locura, y no las puede entender, porque se han de discernir espiritualmente» (1 Corintios 2:13-14). Esto quiere decir, que el cristiano debe usar su raciocinio en armonía con su sentido espiritual, esto es, debe ser un hombre que ve lo que dice Dios como la más elevada lógica, y debe decir: «Si lo dice el Creador de todo el universo entonces es verdad, y se cumplirá». Esta fue la lógica que utilizó el centurión romano cuando dijo a Jesús: «... Señor, no te molestes, pues no soy digno de que entres bajo mi techo; por lo que ni aun me tuve por digno de venir a ti; pero di la palabra, y mi siervo será sano. Porque también yo soy hombre puesto bajo autoridad, y tengo soldados bajo mis órdenes; y digo a este: Ve, y va; y al otro: Ven, y viene; y a mi siervo: Haz esto, y lo hace. Al oír esto, Jesús se maravilló de él, y volviéndose, dijo a la gente que lo seguía: Os digo que ni aun en Israel he hallado tanta fe. Y al regresar a casa los que habían sido enviados, hallaron sano al siervo que había estado enfermo» (Lucas 7:6-10). A esta *lógica* Jesús le llamó *fe*. Por tanto, la lógica también se convierte en la dirección del Espíritu cuando camina en armonía con la Palabra de Dios.

D. La dirección del Espíritu mediante los medios que Él desee

En cuarto lugar, el hombre y la mujer de Dios cuentan con un sentido inexplicable, una voz interna del Espíritu que le habla, que utiliza figuras, circunstancias, sueños, visiones, libros, artículos, posts, videos, predicaciones, películas, y cualquier otro medio para hablarle. El hombre y la mujer de Dios de oración tienen sensibilizado este sentido, y este únicamente puede agudizarse en el cuarto de oración. El líder de Dios es dirigido por el Espíritu Santo cuando ora, cuando está en comunión constante con Dios.

Estas cuatro cosas deben caminar en armonía, pues Dios no se divide, y cuando Él dirige no quiere que exista duda alguna de ello. Dios no nos pone en un laberinto para desafiarnos para ver si somos capaces de encontrar el camino, Dios hace todo para que el cristiano camine por el camino que Él desea que camine.

II. Plantea las preguntas correctas

Aunque en el capítulo 3 de este libro he hablado ya algo de la importancia de hacer preguntas, me gustaría complementar aquí lo que he venido diciendo. Si hablamos de hacer lo que el Espíritu quiere, debemos partir de tener un adecuado planteamiento. Pasemos así a un aspecto práctico del liderazgo: si queremos ejercer un buen liderazgo y ser usados por Dios debemos plantearnos las preguntas correctas. Definitivamente todo parte de tener las preguntas correctas. Si tenemos las preguntas equivocadas también tendremos las directrices equivocadas. Podemos tener las respuestas más acertadas y correctas a las preguntas incorrectas, y nos podríamos jactar de ello, pero eso de nada servirá. De nada sirve envolvernos en un proyecto que no llevará a ningún lado.

Scott D. Anthony dice que es natural que la gente que busca la innovación se desboque a la sección de «lluvia de ideas» demasiado rápido, pues piensa que la generación de ideas *per se* significa que está avanzando. Sin embargo, él dice que en su experiencia es mejor invertir seis veces más tiempo generando las ideas correctas antes de proponer respuestas y abocarse en la generación de lluvia de ideas.[62]

A. Las preguntas deberán estar circunscritas a una mentalidad positiva

Estas preguntas correctas generalmente están circunscritas a una mentalidad positiva, es decir, a una mentalidad de fe. Sin embargo, esta fe no tiene que ver con un ambiente de incertidumbre, sino más bien, con todo lo contrario: con un ambiente de armonía con la visión que nos hemos propuesto. Ya he dicho en otros capítulos que la visión es fundamental para crear una sana dirección; por ahora diré aquí, que cuando hablamos de las preguntas correctas, estamos hablando de preguntas que son aceptadas por el equipo, es decir, preguntas que crean un ambiente positivo y de fe. Respecto a esto John P. Kotter dice:

... cuando las personas derivan un argumento [una idea o pregunta planteada] generalmente lo hacen porque sienten miedo... por ello la solución a este problema es conceptualizar la idea como «segura» ... Si tu cambias tu mentalidad cambiarás también la del equipo. Por ejemplo, si planteas una propuesta que está claramente alineada con la cultura, los valores y la misión ... se crea una mentalidad positiva... y esta mentalidad positiva será más eficaz que conceptualizar una propuesta como un cambio impulsado por el miedo.[63]

B. Hacer las preguntas correctas crea confianza

En un mundo como el nuestro, un mundo estigmatizado por el cambio y la innovación, encontrar las respuestas a las preguntas planteadas no es tan importante como plantear las preguntas que se deben. Hoy, en un mundo en donde cada día avanza más la inteligencia artificial, es fácil encontrar respuestas para todo, pero lo que no es fácil es preguntarse lo que se debe.

---

[62] Scott D. Anthony, "The Power of the Right Questions", febrero 10, 2011, Harvard Business Review. https://hbr.org/2011/02/the-power-of-the-right-questions

[63] John P. Kotter, "The right mindset for buy-in", octubre 21, 2010, Harvard Business Review. https://hbr.org/2010/10/the-right-mindset-for-buy-in

¿Qué es lo que estás buscando? ¿Por qué lo estás buscando? Y si lo encuentras ¿A dónde te llevará? ¿Vale la pena la inversión de tiempo y recursos? Ese sitio, ¿A dónde te llevará? ¿concuerda con el sitio a donde quieres ir?

John Hagel III, en su interesante artículo titulado *Good Leadership is about asking good questions* dice que los [buenos] líderes hacen preguntas poderosas e inspiradoras; ellos comunican que no tienen las respuestas y solicitan la ayuda de los demás para encontrarlas. «Los líderes con los que hablo» —dice Hagel— «tienden a estar nerviosos por este enfoque: ¿no será que no saben lo que están haciendo». Hagel dice que las investigaciones han demostrado que expresar vulnerabilidad y pedir ayuda es una fuerte señal de que confiamos en los demás, y esto generará que la gente también confíe en nosotros. Dice Hagel que si podemos aprender a hacer las preguntas correctas esto nos ayudará a conectarnos con los demás: pensar juntos respecto a la solución de planteamientos puede ser el camino para solucionar problemas difíciles y desencadenar un pensamiento innovador.[64]

Las preguntas de las que estoy hablando aquí no son las preguntas lógicas que todo mundo hace, tales como: «¿Cómo podría incrementar la asistencia a la escuela dominical en un 15% este año?». Sino otras tales como: «¿Cómo haciendo uso de la nueva tecnología podemos hacer mejor las cosas?, por ejemplo.

III. Define «buena vida» correctamente

Las directrices correctas parten de las definiciones fundamentales, es decir, de cuál es tu filosofía de vida. En el mundo cada persona podría tener una definición distinta para un mismo concepto. Sin embargo, en general, los hijos de Dios deberíamos tener una misma definición para los conceptos esenciales que generan dirección a nuestra vida. Si partimos de que instintivamente iremos hacia aquello que consideramos *buena vida*, entonces deberíamos preguntarnos si nuestra definición de *buena vida* es la correcta.

---

[64] John Hagel III, "Good leadership is about asking good questions", enero 08, 2021, Harvard Business Review. https://hbr.org/2021/01/good-leadership-is-about-asking-good-questions

A. La definición generalizada de buena vida

Uno de estos planteamientos esenciales es la definición de buena vida. Cada persona podría tener su propia definición de lo que significa gozar de una buena vida. Muchos podrían sugerir que la buena vida consiste en conseguir dinero, fama y poder; sin embargo, las investigaciones arrojan que el dinero, por ejemplo, trae felicidad en la medida que las necesidades básicas son satisfechas, mientras que luego esta felicidad disminuye o se estanca. Existen suficientes historias de personas que han tenido mucho dinero, pero luego declararon que eran infelices o incluso algunas se han suicidado. Adolfo Merckle, por ejemplo, fue un empresario y multimillonario alemán que se suicidó a la edad de 74 años luego de las pérdidas que tuvo en la crisis financiera global de 2007-2008. Este era uno de los cinco hombres más ricos de Alemania, pero se suicidó el 5 de enero de 2009 tirándose a las vías del tren. ¿Qué era lo que tenía en la cabeza Merckle para hacer tal cosa? Las pérdidas que tuvo seguro no eran tan graves para llevarlo a la total miseria, y aunque así fuese, luego, con su capacidad para los negocios, podría haberse levantado. Seguro este hombre no tenía una buena definición de lo que significa una buena vida.

Aun entre los círculos cristianos la definición de buena vida podría parecerse mucho a la del mundo: una familia, una casa pagada, títulos universitarios, viajes, posiciones de poder, buena comida, buen vestir, muchos amigos… sin embargo, Jesús dice esto: «Mirad, y guardaos de toda avaricia; porque la vida del hombre no consiste en la abundancia de los bienes que posee» (Lucas 12:15).

Salomón era un hombre que lo tuvo absolutamente todo desde el punto de vista humano. No hubo placer que él no disfrutara, de manera que expresó: «No negué a mis ojos ninguna cosa que desearan, ni aparté mi corazón de placer alguno…» (Eclesiastés 2:10). Sin embargo, empieza y termina su discurso diciendo: «Vanidad de vanidad, todo es vanidad» (Eclesiastés 1:2; 12:8). Al final, como la solución a su inmensa tristeza y frustración, él mismo dice: «El fin de todo el discurso oído es este: Teme a Dios, y guarda sus mandamientos; porque esto es el todo el hombre» (Eclesiastés 12:13).

B. La definición bíblica de buena vida

Una buena definición de *buena vida* es gozar del fruto del Espíritu: gozo, paz, paciencia, benignidad, bondad, fe, mansedumbre y templanza (Gálatas 5:22-23). ¿Pablo tenía una buena vida? En sus cartas, Pablo habla de las muchas tribulaciones que tuvo; de sus dolores, de sus graves penurias; sin embargo, este hombre fue el mismo quien escribió: «Ahora me gozo en lo que padezco por vosotros, y cumplo en mi carne lo que falta de las aflicciones de Cristo por su cuerpo, que es la iglesia» (Colosenses 1:24); y también: «Mucha franqueza tengo con vosotros; mucho me glorío con respecto de vosotros; lleno estoy de consolación; sobreabundo de gozo en todas nuestras tribulaciones» (2 Corintios 7:4). Ninguno de nosotros desearía jamás vivir las penurias y sufrimientos que vivió el apóstol Pablo, pero la vida de Pablos nos demuestra que la buena vida es aquella que se vive para Cristo, aquella que está llena del Espíritu Santo. Por tanto, las directrices de nuestra vida y nuestra visión deberán estar encaminadas de esa manera. Todos los líderes cristianos deberían replantearse la definición que tienen de *buena vida.*

Cristo nos enseña a vivir una vida de paz al ordenarnos: «No os afanéis por vuestra vida, qué habéis de comer o qué habéis de beber; ni por vuestro cuerpo, qué habéis de vestir. ¿No es la vida más que el alimento, y el cuerpo más que el vestido?» (Mateo 6:25). Él nos ordena vivir una vida libre de afanes y de confianza plena en Él. Esto desde luego no significa que no planemos para el futuro, pero significa que vivamos un día a la vez, confiando que el Señor nos ayudará cada día hasta llevarnos al final. Un líder cristiano debe aprender a vivir de esta manera a fin de ser una inspiración a otros y transmitirles a ellos lo que ha aprendido de Cristo.

Hasta aquí hemos visto que Dios usa a un líder que se deja dirigir por el Espíritu Santo. Este es un líder que se ha planteado las preguntas correctas y enfoca sus esfuerzos a brindar solución a esas preguntas. Estas preguntas son planteadas por el Señor mismo, quien desea que tal líder tenga una buena vida y ayude a los demás a tener una buena vida. La definición de buena vida es la definición que Dios da y no la que da el mundo. En la siguiente sección estaré hablando del propósito de vida. El líder debe tener bastante claridad respecto a esto.

IV. Tiene claro su propósito en la vida

El líder que Dios usa es aquel que está consciente del propósito al que Dios le ha llamado. Ninguno de nosotros es un accidente ni ha sido creado al azar, Dios tiene un propósito especial para todos nosotros. En general se puede decir que Dios tiene un propósito general para todos sus hijos y un propósito específico para cada persona. Por lo tanto, el líder que Dios usa es aquel que se ha fijado la meta de ser como Cristo, y que sabe cuál es su propósito específico en la vida, y en esto enfoca todos sus esfuerzos. De esto hablaré brevemente en este subtema.

A. El propósito general: ser como Cristo

Dios tiene un propósito específico para cada persona, pero todos los cristianos han nacido de nuevo para ser como Cristo. Rick Warren dice: «Desde el comienzo mismo, el plan de Dios ha sido el de hacerlo a usted como su Hijo Jesús... En toda la creación, solo los seres humanos son hechos a la "imagen de Dios"».[65] Al principio de ese capítulo Él cita Romanos 8:29, que dice: «Porque a los que antes conoció, también los predestinó para que fuesen hechos conformes a la imagen de su Hijo, para que él sea el primogénito entre muchos hermanos» (Romanos 8:29).

Estoy seguro de que el propósito de Dios para cada persona es que sea conformada a la imagen de Cristo, es decir, que piense como Cristo, sienta como Cristo y actúe como Cristo. Para que esto suceda Dios permitirá que cada uno de los hijos e hijas pase por un número de circunstancias adversas y dificultades. Dios utiliza no solo su Palabra para transformarnos sino utiliza personas y circunstancias. Cuando Dios ha decidido que uno de sus hijos se convierta en uno de sus líderes, Él también se encargará de formarlo. Isaías 48:10 dice: «He aquí te he purificado, y no como a plata; te he escogido en horno de aflicción». Al respecto, Rick Warren dice: «Cada vez que se le olvide que el carácter es uno de los propósitos de Dios para su vida, se sentirá frustrado por sus circunstancias. Se preguntará, ¿Por qué me está pasando esto? ¿Por qué estoy pasando tantas dificultades?».[66] Y luego continúa

---

[65] Rick Warren, *The Purpuse-Driven* (Grand Rapids, MI: Zondervan), 144.
[66] Ibid.

diciendo: «Sus circunstancias son temporales, pero su carácter durará para siempre».[67]

Cristo padeció mucho, pero esto no nos exenta de que nosotros padezcamos también, incluso, el apóstol Pedro dice: «Pues para esto fuisteis llamados; porque también Cristo padeció por nosotros, dejándonos ejemplo, para que sigáis sus pisadas» (1 Pedro 2:21). Debemos dejarnos moldear por el Señor, a fin de ser como Él.

B. El propósito específico

Cristo Jesús fue muy claro con los discípulos y lo es con todos nosotros respecto a una misión que nos ha sido encomendada. Él dijo: «Id por todo el mundo y predicad el evangelio a toda criatura» (Marcos 16:15); y también: «Por tanto, id, y haced discípulos a todas las naciones, bautizándolos en el nombre del Padre, y del Hijo, y del Espíritu Santo; enseñándoles que guarden todas las cosas que os he mandado» (Mateo 28:19-20). Así es que todos los creyentes hemos sido llamado a extender el evangelio por todo el mundo. No obstante, la contribución de cada uno para que esto ocurra no será exactamente la misma. Cada uno tiene un llamado específico, un propósito específico.

Los líderes cristianos son llamados por Dios para contribuir más poderosamente en el propósito de la Gran Comisión que alguien que no tenga un liderazgo. Sin embargo, ese liderazgo estará presente en cada uno de distinta manera. Cada liderazgo es distinto y opera en ámbitos distintos. Así es que es responsabilidad de cada uno descubrir la función a la que Dios le ha llamado y cuál será su contribución al cumplimiento de la Gran Comisión, pero los líderes tienen una responsabilidad mayor en este sentido que los que no tienen un liderazgo.

La Biblia nos da pautas generales respecto a esto. Nos habla de cinco ministerios: apóstol, profeta, evangelista, pastor y maestro (Efesios 4:11). Pero también habla de los que ayudan y de los que administran (1 Corintios 12:28). Los miembros del cuerpo de Cristo trabajan en conjunto para que el evangelio sea proclamado y la Palabra de Dios enseñada. Esta es una tarea de todos en la Iglesia.

---

[67] Ibid, 162.

En la siguiente sección de este capítulo estaré hablando de David, un hombre que cumplió con el perfil de un líder al que Dios usa. David es un buen ejemplo de un líder de Dios; sin embargo, hay mucho que decir de él. Y definitivamente, además de las cosas que ya he comentado hasta aquí en este capítulo, y de las características que estaré mencionando de David, pueden existir muchas otras cualidades en el siervo o sierva de Dios que Él usa.

V. Un ejemplo en el liderazgo de David

Vayamos ahora al escenario de Hechos 13:36. Pablo está dando un discurso (predicando) ante los judíos que estaban en una sinagoga en Antioquía de Pisidia (en su primer viaje misionero). Había ido acompañado por Bernabé, y esta era aparentemente la primera ciudad en donde comenzaron a predicar el evangelio. En lugar de ir directamente a predicar a los gentiles, ellos, como era su costumbre, fueron primero a los judíos. Era un día de reposo y ahí, Pablo, a fin de demostrar con las Escrituras la resurrección del Señor Jesús, habla de David. Así, en el versículo 36, dice: «Porque a la verdad David, habiendo servido a su propia generación según la voluntad de Dios, durmió, y fue reunido con sus padres, y vio corrupción». Pablo hablaba de uno de los grandes líderes de Israel, de que Dios había dado una poderosa promesa de resurrección a David, la cual se estaba cumpliendo en Cristo Jesús.

Si aplicamos las características del líder que Dios usa vistas hasta aquí en este capítulo, podríamos decir que la persona de David encaja perfectamente: 1) David era dirigido por el Espíritu Santo; 2) se planteó las preguntas correctas desde su adolescencia; 3) tenía una clara definición de lo que significa tener una *buena vida*, y 4) tenía un claro propósito en la vida. Ahora, veremos cuatro características más del líder que Dios usa, y las ejemplificaremos con la vida de David. Estas cuatro últimas características en el líder que Dios usa que veremos en este capítulo son: 1) Tiene un espíritu de servicio, 2) Influencia positiva en otras personas; 3) Se deleita en hacer la voluntad de Dios, y 4) Se interesa por lo que las personas son.

Estas ocho características, podemos decir, son esenciales en todo líder que es usado por Dios. Veamos.

A. Tiene un espíritu de servicio

Sin ánimo de definir en sí todo el liderazgo cristiano con la etiqueta de «Liderazgo de servicio» (Capítulo 2), es claro que el líder cristiano que Dios usa es aquel que tiene un espíritu de servicio. Dios requiere que sus líderes tengan un espíritu de servicio, pues de otra manera, no le serán útiles. Alguien dijo alguna vez lo siguiente: «El que no vive para servir, no sirve para vivir». Y esto es una gran verdad. Existen personas que demandan servicio de los demás, y piensan que esto es lo correcto. Un ejemplo de ello lo vemos en la filosofía detrás de la mayoría de las producciones cinematográficas y audiovisuales de nuestros días.

El modelo creado por Disney respecto a los personajes de las películas ha cambiado con el tiempo, y si observamos, por ejemplo, las princesas de Disney desde 1937 hasta la fecha, podremos observar una evolución en la filosofía detrás de los personajes.

Hoy, la cultura enseña a los niños que quien sirve no es el mayor, sino un sujeto menospreciable. Se promueve la búsqueda de poder, de posición, de todo lo material. Esto siempre ha existido, definitivamente; sin embargo, se puede observar de una manera exacerbada en nuestros días. Contrario a esto, el modelo bíblico de quien es un verdadero líder está ejemplificado en Jesucristo mismo —quien es también llamado *Hijo de David*—, Él vino para servir y dar su vida en rescate de toda la humanidad (Mateo 20:28).

David demostró ser un líder puesto al servicio de su pueblo. Él desgastó su vida a favor de su generación. Cierto, cometió errores, pero, ¡quién no los comete!; aunque deseáramos estar libres de errores, lo mejor siempre será hacer lo que hizo David en tales casos: arrepentirse de todo corazón, restituir, mostrar humildad e implorar de todo corazón el perdón de Dios.

Infinidad de veces David arriesgó su vida por el bien de su pueblo. Incluso, todas las tribus de Israel reconocieron su servicio cuando vinieron a él para hacerlo rey, pues dijeron: «Y aun antes de ahora, cuando Saúl reinaba sobre nosotros, eras tú quien sacabas a Israel a la guerra, y lo volvías a traer» (2 Samuel 5:2). David había empezado a pelear las batallas de Jehová (1 Samuel 18:17; 25:28) cuando mató a Goliat el filisteo, en aquel inolvidable encuentro. Desde ese momento, había ido fielmente a las batallas para pelear por Israel (excepto en el lamentable suceso de su adulterio con Betsabé, esa seguramente fue una de las razones importantes por las que cayó, porque no se mantuvo sirviendo como lo había hecho hasta ese día).

En ese mismo capítulo 5 de 2 Samuel, los ancianos del pueblo recordaron a David (y a todos los presentes) respecto a la promesa que Dios había hecho a David tiempo atrás: «Tú apacentarás a mi pueblo Israel, y tú serás príncipe sobre Israel» (2 Samuel 5:2). David no solo sirvió a su pueblo como gobernante por 40 años (2 Samuel 5:4), sino que los pastoreó. David sirvió a su pueblo con un corazón tierno, con el corazón de un pastor. Él cuidó de Israel como cuidaba a las ovejas de su padre cuando era un adolescente.

B. Influye positivamente en otras personas

El líder cristiano que Dios usa influye positivamente en otras personas. El liderazgo cristiano debe de ser ejercido en función del beneficio espiritual del pueblo. Recordemos que liderazgo es influencia y «si alguien no nos sigue» —dijo John Maxwell—, tan solo estamos dando un paseo. Nuestro liderazgo tiene que afectar a otras personas, debe de dejar una huella, un legado a la generación presente y a las futuras.

No se trata de que la meta sea *agradar al pueblo,* pues, como dijo Pablo, si esta fuese nuestra meta, dejaríamos de ser siervos de Dios (Gálatas 1:10); sin embargo, la gracia del Señor debe estar presente en nosotros para que el pueblo nos siga. Y ese «seguir» no tiene que ver con el estilo *influencer* de muchos hoy en día, sino de la imitación de nuestro carácter en Cristo. Pablo dijo a los corintios: «Sed imitadores de mí, así como yo de Cristo» (1 Corintios 11:1), lo mismo le dijo a los filipenses (3:17), y a los tesalonicenses (1:6). Estas iglesias habían visto el comportamiento de Pablo y este les decía que lo siguieran. Los *influencers* de hoy pueden hablar bien y tener muchos «seguidores», pero quizá sus vidas sean todo lo contrario a lo que ellos predican. Estos podrían no ser verdaderos líderes de Dios.

En el caso de David, el pueblo había visto su comportamiento. En particular, él había vivido con hombres que podía dar testimonio de su vida: la vida de David fue para ellos una vida de gran impacto. Él había ido con ellos y los había convencido para ser su líder. La Biblia dice: «Y se juntaron con él todos los afligidos, y todo el que estaba endeudado, y todos los que se hallaban en amargura de espíritu, y fue hecho jefe de ellos; y tuvo consigo como cuatrocientos hombres» (1 Samuel 22:2).

Luego estos cuatrocientos hombres fueron poderosos y valerosos guerreros. Hombres fieros que estuvieron acostumbrados a ganar; David los llevó a la victoria cada vez que fueron al campo de batalla. Estos fueron hombres por los que la sociedad no daba un centavo, pero comandados por David, se convirtieron en hombres excepcionales. Luego la Biblia los llama «Los valientes de David», y con ellos David se acompañó para entrar por las puertas del palacio y ser coronado como rey de Israel.

El capítulo 23 de 2 Samuel narra algunas de las grandiosas hazañas de estos hombres que antes fueron hombres afligidos, endeudados y de espíritu amargo. ¡Uno de ellos mató, él solo, a 800 hombres en un solo día! ¿Cómo es que este hombre llegó a ser una persona tal, que ni el mismo, en toda su vida, quizá jamás soñó? La respuesta a esta pregunta la encontramos en el liderazgo de David, en la influencia de David. David era un hombre temeroso de Dios, de oración, de humildad, de gran fe, de mansedumbre; pero también de valentía, de gran confianza en Dios, de acción, de iniciativa.

El líder que Dios usa será aquel que pone en funcionamiento su liderazgo, que trabaja para influenciar a los demás y dirigirlos a Dios. Todo lo que el líder cristiano hace debe estar dirigido de esta manera; cada minuto de nuestro tiempo debería estar planeado para ser un ejemplo a los demás. De manera que podamos decir, como dijo Pablo: «Sed imitadores de mí, como yo de Cristo».

C. Se deleita en hacer la voluntad de Dios

El líder cristiano que Dios usa es aquel que se deleita en hacer la voluntad de Dios. Existe una diferencia entre quien hace las cosas porque las *tiene* que hacer, y otra que las hace porque se deleita en hacerlas. Existe una gran diferencia entre aquel que trabaja porque *tiene* que trabajar, y otro que se deleita en el trabajo. Dios no quiere siervos que hagan el trabajo de su obra a regañadientes o con indolencia. La Biblia dice: «Maldito el que hiciere indolentemente la obra de Jehová» (Jeremías 48:10). Dios quiere líderes que se deleiten en hacer su voluntad. Como dijo David en uno de sus salmos: «El hacer tu voluntad, Dios mío, me ha agradado, Y tu ley está en medio de mi corazón» (Salmos 40:8). Este pasaje, por cierto, fue usado por el escritor de Hebreos para hablar de Jesucristo mismo (10:7).

Por tanto, es indispensable que el líder cristiano conozca bien cuál es la voluntad de Dios. En el primer subpunto de este capítulo mencioné que el líder cristiano que Dios usa es aquel que es dirigido por el Espíritu Santo, y el Espíritu Santo siempre nos guiará a la perfecta voluntad de Dios. Es por ello que el líder cristiano debe consultar con Dios respecto a todos sus planes, metas y proyectos. Recordemos que se trata de los asuntos de Dios, no de nuestros asuntos; nosotros somos solamente administradores. Hudson Taylor dijo en cierta ocasión: «La obra de Dios, hecha a su manera, siempre tendrá su provisión». Elijamos deleitarnos en hacer la voluntad de Dios, no la nuestra; porque cuando hacer voluntad de Dios es nuestro deleite, entonces seremos felices. La obra de Dios y su voluntad jamás debería ser una carga pesada, ¡no! ¡la vida cristiana es libertad!

El trabajo siempre debe pensarse como una gran bendición de Dios. En el Edén, Dios dio trabajo a Adán, le dijo que su trabajo sería labrar y cuidar del huerto del Edén. La Biblia dice: «Tomó, pues, Jehová Dios al hombre, y lo puso en el huerto de Edén, para que lo labrara y lo guardase» (Génesis 2:15). No solo Dios dio trabajo físico al hombre, sino también un trabajo intelectual: «Jehová Dios formó, pues, de la tierra toda bestia del campo, y toda ave de los cielos, y las trajo a Adán para que viese cómo las había de llamar; y todo lo que Adán llamó a los animales vivientes, ese es su nombre» (Génesis 2:19). El trabajo es una gran bendición de Dios, y hacer su voluntad es nuestro trabajo.

D. Se interesa por lo que las personas son

El líder cristiano que Dios usa es aquel que no se deja impresionar por los logros de las personas ni por lo que actualmente están haciendo o por la posición que hayan alcanzado. No siempre una posición determina la calidad de una persona. David era un fugitivo, huía de las autoridades de Israel y era juzgado como un malvado. Para salvar su vida tuvo incluso que fingir que era un loco (1 Samuel 21:10-15). Sin embargo, David estaba lejos de ser un loco, era el ungido del Señor, era uno de los hombres más importantes de todos los tiempos.

Factores fundamentales del liderazgo

Este David era un hombre que se interesaba por las personas, no por su posición o su dinero, sino en ellas. Hans Finzel dijo lo siguiente: «A la gente no le importa qué tanto sabe usted hasta que se da cuenta de cuánto ellos le importan a usted»[68]. Un verdadero líder ama a las personas no por las cosas que estas posean ni por lo que sepan. El líder tiene responsabilidad por la gente que está bajo su cargo, y esta tarde que temprano se dará cuenta si en verdad usted las ama o no, pues la demostración del amor no solo consiste en palabras, sino en hechos. Algunas maneras para demostrar que te preocupas por su gente son las siguientes:

A. Reconocer sus necesidades.
B. Ayudarles a madurar en la vida.
C. Brindarles protección.
D. Inspirarles a vivir una vida de oración.
E. Estar allí cuando más lo necesitan.

David se interesaba en los demás, tanto era así, que Dios profetiza de él y dice: «Tú apacentarás a mi pueblo Israel» (2 Samuel 5:3). Y también: «Eligió a David su siervo, Y lo tomó de las majadas de las ovejas; De tras las paridas lo trajo, Para que apacentase a Jacob su pueblo, Y a Israel su heredad. Y los apacentó conforme a la integridad de su corazón, Los pastoreó con la pericia de sus manos» (Salmos 78:70-72).

***

En este capítulo estuvimos analizando algunas de las características del líder al que Dios usa, y para ello utilizamos de ejemplo a David. El siervo de Dios que Él usará es aquel que es dirigido por el Espíritu Santo en todo. El Espíritu de Dios, mediante la Palabra, el liderazgo de otros, el raciocinio y otros medios que Él quiera usar, dirige el líder cristiano. Este asimismo formula las preguntas correctas, siempre manteniendo una mentalidad positiva y creando con sus preguntas un ambiente de confianza.

El líder cristiano tiene una definición bíblica de *Buena vida*, y lucha cada día para vivir esa *Buena vida* que Dios desea que viva, mientras ayuda a los

---

[68] Hans Finzel, *Los líderes: Sus 10 errores más comunes* (Puebla, México: Ediciones Las Américas, 2004), 39.

demás para que ellos también la vivan. Asimismo, el líder cristiano tiene un propósito claro en la vida: ser como Cristo, y un propósito específico que él o ella ha descubierto. El líder cristiano desarrolla una vida de servicio e influye positivamente en aquellos que le siguen. Se deleita en hacer la voluntad de Dios y, finalmente, se interesa en las personas, no en lo que ellas tienen o saben, no en su posición de poder, sino en ellas, independientemente de todo lo demás. Vemos en David, tipo de Cristo, un ejemplo nítido de todas estas cosas.

Resumen del capítulo 7

1. El líder cristiano debe recordar que su liderazgo involucra trabajar con personas que necesitan ser ministradas espiritualmente, y que su trabajo involucra áreas muy sensibles del ser humano. 2. Los cristianos verdaderos en general son obedientes y dirigidos por el Espíritu Santo, y esta dirección es imprescindible para el líder cristiano. 3. Podemos conocer la naturaleza de la dirección del Espíritu Santo al escudriñar la Palabra de Dios, pues ella nos da a conocer lo que Dios espera de nosotros y lo que nosotros podemos esperar de Dios: los privilegios del pacto, pero también sus responsabilidades. 4. En segundo lugar, podemos encontrar la dirección del Espíritu mediante el liderazgo, todo líder debe tener un mentor. Toda persona que está sometida a la dirección del Espíritu estará también sometida a la dirección de sus líderes terrenales. 5. El Espíritu Santo también dirige mediante la razón humana, no podemos espiritualizarlo todo ni dejar que todo se convierta en algo subjetivo o místico. 6. Asimismo, el hombre y la mujer de Dios cuentan con un sentido inexplicable, una voz interna del Espíritu que les habla. Dios utiliza figuras, circunstancias, sueños, visiones, libros, artículos, posts, videos, predicaciones, películas, y cualquier otro medio para hablarle. 7. Si queremos ejercer un buen liderazgo y ser usados por Dios, debemos plantearnos las preguntas correctas. 8. La «lluvia de ideas» que parte de las preguntas incorrectas *no* nos hará avanzar. 9. Estas preguntas correctas generalmente están circunscritas a una mentalidad positiva, es decir, a una mentalidad de fe. Sin embargo, esta fe no tiene que ver con la creación de un ambiente de incertidumbre. 10. Si tú cambias tu mentalidad estarás en mejor posición para cambiar la mentalidad del equipo. 11.

Pregúntate: ¿qué es lo que estás buscando? ¿Por qué lo estás buscando?, y si lo encuentras ¿a dónde te llevará? ¿vale la pena la inversión de tiempo y recursos? 12. Hagel dice que las investigaciones han demostrado que expresar vulnerabilidad y pedir ayuda es una fuerte señal de que confiamos en los demás y esto generará que la gente también confíe en nosotros. 13. Las directrices correctas parten de las definiciones fundamentales, de la filosofía de vida. 14. Una de estas definiciones fundamentales es la definición de «buena vida», por lo tanto, el líder cristiano tiene una definición correcta de lo que es tener una *buena vida*. 15. El líder que Dios usa es aquel que está consciente del propósito al que Él le ha llamado. 16. El líder de Dios se ha fijado la meta de ser como Cristo, y sabe cuál es su propósito específico o llamado. 17. Todos los creyentes hemos sido llamados por Dios para extender el evangelio a todos los demás seres humanos en el mundo. 18. Tenemos en David el ejemplo de un hombre de Dios que sirvió a su propia generación. 19. El modelo de liderazgo del mundo está lejos de ser un liderazgo de servicio. 20. El líder cristiano que Dios usa influye positivamente en los demás, se deleita en hacer la voluntad de Dios y se interesa sinceramente en el crecimiento de cada uno de los integrantes de su equipo.

Capítulo 8
El líder comprometido con el prójimo

«Liderazgo no es para cualquiera. Las demandas son grandes, y las presiones son intensas» —David Hocking.

¿Quién es apropiado para liderar? Esta es una pregunta clave que debemos de responder. Honestamente, no existe una sola respuesta a esta pregunta. Sin embargo, hay dos áreas principales que determinarán si una persona es apta para liderar cierto tipo de personas. La primera tiene que ver con las cualidades del líder (el *ser* del líder), de ello por cierto ya hemos estado hablando en capítulos anteriores; y la otra, tiene que ver con lo que el líder hace (el *quehacer* del líder).

Los líderes de Dios son personas que *hacen* la voluntad del Señor en la tierra. Son personas que no solo poseen rasgos de comportamiento, actitudes, dones, talentos, técnicas y habilidades de gran valor, sino también *hacen* cosas que los distinguen como líderes de Dios. Con todo y los grandes esfuerzos que los seres humanos han hecho para establecer manuales de liderazgo, no hay un libro más adecuado para encontrar las pautas a seguir del líder que Dios quiere, que la palabra de Dios. Asimismo, no hay otro líder en las Escrituras en quien debemos poner la mirada que en el Señor Jesucristo. Cristo Jesús es el máximo modelo de liderazgo y siempre podemos extraer una multitud de enseñanzas esenciales de Él. En este capítulo estaré hablando de las características que hacen de Cristo el líder perfecto.

I. Cristo Jesús se hizo como nosotros

«Haya, pues, en vosotros ese sentir que hubo también en Cristo Jesús, el cual, siendo en forma de Dios, no estimó el ser igual a Dios como cosa a que aferrare, sino que se despojó a sí mismo, tomando forma de siervo, hecho semejante a los hombres» (Filipenses 2:5-7).

En los últimos años, debido al énfasis que los medios de comunicación han dado a la diversidad y a ciertas medidas gubernamentales de inclusión social, las corporaciones cada vez están más comprometidas con la creación de equipos de trabajo socialmente heterogéneos. Las políticas (publicadas en diversos medios, p. ej., en los sitios web) de las corporaciones están llenos de métricas que miden los esfuerzos de las empresas para reclutar, desarrollar y promover a personas de diversas etnias y géneros en sus organizaciones. Sin embargo, este esfuerzo por la heterogeneidad no se presenta entre los ejecutivos de Fortune 100, es decir, entre las personas bien remuneradas que toman las decisiones en la alta dirección de las empresas más poderosas del mundo. Como lo revela un informe reciente de la Escuela de Graduados de Negocios de Stanford, los jefes corporativos y los gerentes en la fila para los puestos de CEO y de la junta directiva son bastante homogéneos. [69]

Esto significa que una de las claves para lograr ser un buen líder es que este se presente a sí mismo —y esto con toda sinceridad— como uno dentro del grupo. En otras palabras, es necesario que se dé a conocer como *uno dentro* del grupo, y produzca homogeneidad. Esto fue precisamente lo que hizo nuestro Señor: Él se hizo como uno de nosotros, y esto al menos en cuatro aspectos.

A. *Se hizo un ser humano*

La encarnación del Hijo de Dios es el milagro más incomprensible que puede existir en la mente de todos los seres humanos. Él asimiló una naturaleza completamente humana, con un cuerpo físico, con un alma y un espíritu humano. Siendo Dios, no se aferró a su divinidad ni hizo uso de ella, sino que Él estuvo dispuesto a comportarse en todo como un ser humano. Jesús experimentó hambre, tuvo sed, estuvo cansado, y tuvo todas las emociones que experimenta un ser humano. Sin embargo, Él nunca dejó de ser Dios. Juan 1:14 dice: «Y aquel Verbo fue hecho carne, y habitó entre nosotros (y vimos su gloria, gloria como del unigénito del Padre), lleno de gracia y de verdad».

Teológicamente Cristo necesitaba ser Dios, pero también ser humano, porque de otra manera tampoco podría ser nuestro salvador. Él no fue un super hombre, ni actuó con una naturaleza distinta a la humana: él fue completamente hombre y completamente Dios. Muchos pasajes del NT nos dicen que Él es Dios (Marcos 1:3, 2:7–11, 14:61–64; Juan 1:1–3, 8:58–59, 10:28–33, 17:1–5; Romanos 9:5, 10:9, 13; 1 Corintios 8:6; Filipenses 2:5–11;

---

[69] Maggie Overfelt, "Homogeneity at the Top", Stanford Graduate School of Business, enero 19, 2021. https://www.gsb.stanford.edu/insights/homogeneity-top [Accedido 3/16/2024]

Colosenses 1:15–16, 2:9; Tito 2:13; Hebreos 1:1–3; 2 Pedro 1:1, etc.), pero muchos otros nos hablan de su encarnación, de que Él se hizo hombre. Al hacerse hombre también estaba de esa manera calificándose para ser nuestro líder supremo.

Lo que los líderes podemos aprender de esto es que nuestra gente espera que seamos como ellos, que presentemos nuestras debilidades y seamos totalmente sinceros. Ellos no aceptarán a uno que crea que es superior a ellos. Jason Rosario, fundador de The Lives of Man dice: «Los buenos líderes aportan valores mentalmente saludables a sus equipos y organizaciones. Eso significa que ellos en ocasiones muestran debilidad y enfrentan los riesgos derivados de ser percibidos como líderes débiles».[70]

Cristo no se mostró moralmente débil, ni tuvo debilidades relacionadas con el pecado, pero mostró sus limitaciones y debilidad como ser humano al decir, por ejemplo, «tengo sed» (Juan 19:28).

B. Se hizo un judío

Cristo Jesús se hizo un judío. El caso no fue que Él se hubiese encarnado como un romano, es decir, como uno poseedor de la ciudadanía de mayor rango en aquel entonces. Los romanos en los tiempos de Cristo tenían privilegios que otros no tenían; sin embargo, Cristo se encarnó en un judío. El Mesías necesitaba ser judío, de la descendencia de David, eso está muy claro, no obstante, al hablar del tema del liderazgo, los judíos jamás aceptarían a un líder que no fuera de su pueblo.

Jesús no hablaba en latín, ni en griego, Jesús hablaba arameo, el idioma del pueblo. Los líderes deben, literalmente, hablar el mismo idioma del pueblo a quien lideran. Usar sus mismas frases, sus mismas expresiones, sus mismos dichos, sus mismos gestos. Esto habla de un acercamiento, de una familiaridad. Sus liderados desean que se muestre como ellos, que tenga su misma identidad y esté embebido en la misma cultura.

---

[70] Jason Rosario, "How Vulnerability Can Be a Leadership Superpower". Harvard Business Review, mayo 4, 2020 (podcast). https://hbr.org/podcast/2020/05/how-vulnerability-can-be-a-leadership-superpower [Accedido 3/16/2024].

Hortense le Gentil dice algo interesante sobre este tema. Ella dice que la imagen tradicional de un líder infalible, que tiene siempre el control y que no tiene miedo a nada está desapareciendo rápidamente. Dice que aquellos líderes héroes, con una inteligencia superdotada, que desde la cima de la montaña enviaban órdenes a los subordinados, ya no es lo que las organizaciones necesitan. Ella dice que el líder eficaz de hoy no es el que tiene todas las respuestas sino el que articula una visión convincente, que se muestra ser humano, que muestra vulnerabilidad, y que es capaz de desarrollar en los demás todo su potencial. Incluye en su comentario una frase interesante: «Los líderes héroes aparentemente intrépidos se enfrentan ahora con un obstáculo bastante grande: sus propios miedos».[71]

C. Se hizo pobre

Una tercera característica que destaca el carácter de *homogéneo* en el Señor Jesucristo es su pobreza material. La Biblia dice: «Porque ya saben ustedes que nuestro Señor Jesucristo, en su bondad, siendo rico se hizo pobre por causa de ustedes, para que por su pobreza ustedes se hicieran ricos» (2 Corintios 8:9, DHH).

¿Era necesario que Jesús fuese pobre materialmente? Cristo nació en un humilde pesebre, trabajó como carpintero, y luego, en su ministerio dijo: «Las zorras tienen guaridas, y las aves del cielo nidos; mas el Hijo del Hombre no tiene dónde recostar su cabeza» (Mateo 8:20). La pobreza del Señor Jesús ha sido muy importante a través de la historia porque se ha identificado con la debilidad humana y su vulnerabilidad.

Jesús demostró que el poder del mundo, esto es, la riqueza material, no fue el soporte de su liderazgo. La gente no seguía a Jesús porque fuese rico y poderoso materialmente, más bien su liderazgo estaba en su identificación con todos los seres humanos sin importar su condición social o económica. Que Jesús haya sido materialmente pobre no significa que los líderes cristianos tienen necesariamente que ser como lo fue Jesús en ese aspecto, ni que deban ser más pobres comparativamente hablando que sus liderados; sin embargo, si quieren realmente llegar a sus corazones, deben hacerse a todos,

---

[71] Hortense le Gentil, "Leaders, stop trying to Be heroes", Harvard Business Review, octubre 25, 2021. https://hbr.org/2021/10/leaders-stop-trying-to-be-heroes [Accedido 3/16/2024].

independientemente de su condición socio-económica, tal como lo dice Pablo en 1 Corintios 9:20-22. Comer lo que ellos comen, vestirse como ellos, comprar en las mismas tiendas de ellos y estar cerca de la gente en su propio ambiente económico y social. No obstante, todo esto, el cristianismo en sí produce prosperidad material.

Respecto a esto último, David Feddes escribió un artículo muy interesante en donde dice que los cristianos a menudo son más prósperos de lo que habrían sido sin el cristianismo, y que las naciones con influencia cristiana son más prósperas comparadas con las que no tienen tal influencia. Es curioso que seguir a un Hombre que vivió como pobre sobre la tierra pueda generar prosperidad, pero esto es así. A nivel individual —sigue diciendo Feddes—, los que confían en Jesús y viven según la Biblia a menudo evitan los problemas que causan la pobreza y viven de una manera que los hace más productivos y prósperos. Feddes pone como ejemplo que Jesús enseñó que el sexo solo es lícito dentro del matrimonio y que el matrimonio es un compromiso para toda la vida; por lo que, seguir este precepto, no solo afecta las relaciones y los sentimientos, sino que además tiene un efecto económico [...] «la visión cristiana de la familia es mejor no solo moral y espiritualmente, sino también financieramente. Las enseñanzas de la Biblia: estabilidad familiar, trabajo duro, uso prudente del tiempo, libertad de los vicios, etc., son fundamentos sólidos que abaten la pobreza y crean prosperidad. [72]

Como Jesús, los líderes cristianos deben mostrar empatía con los pobres; pero también con que tienen mayor prosperidad. Continuando la idea que comenta Feddes, es natural que las familias cristianas de varias generaciones sean más prósperas que las de primera generación.

II. Jesús puso su relación con Dios en primer lugar

El Señor Jesucristo siempre dio a su relación con el Padre la primacía; esto es, Él hizo que su relación con el Padre ocupara siempre el primer lugar en su vida encima de todas las demás cosas. Jesús dijo: «No puedo yo hacer nada por mí mismo; según oigo, así juzgo; y mi juicio es justo, porque no busco mi

---

[72] David Feddes, "Reading: Christianity's Economic Impact", Christian Leaders Institute. https://study.christianleaders.org/mod/page/view.php?id=55194&lang=zh_cn [Accedido 3/16/2024].

voluntad, sino la voluntad del que me envió, la del Padre» (Juan 5:30). Los líderes que realmente desean destacar y ejercer un liderazgo de excelencia necesitan poner la voluntad de Dios en primer lugar en sus vidas

A. Jesús tomó decisiones basándose en la voluntad de Dios

La vida está compuesta de decisiones y la condición actual de nuestra vida depende *mayormente* de las decisiones que hemos tomado en el pasado. Joyce Meyer escribió un libro muy interesante al que tituló *Hágalo con miedo: Ármese de valor frente al temor*, en este, en su capítulo 1 dice lo siguiente:

El plan de Dios se recibe poniendo nuestra fe en lo que Él nos ha dicho en su Palabra, y el plan del diablo se recibe creyendo a sus mentiras... Dios nos ha dado libre albedrío... tenemos opciones, y cada decisión que tomamos produce un resultado...Es bueno que recordemos que nuestras decisiones afectan a las personas que nos rodean, así como a nuestra propia vida.[73]

De cada uno de nosotros depende ir a la fuente de poder, esto es, ir al Espíritu Santo, para tener fuerza para hacer la voluntad de Dios encima de todas las circunstancias. El líder que es poderoso en Dios y pone su relación con Él en primer lugar, siempre saldrá victorioso en todo. Para el líder cristiano de éxito la voluntad de Dios está encima de su voluntad personal.

B. Jesús priorizó su relación con su Padre

Lo mejor que puede hacer la creatura al tener hálito de vida es reconocer a su Creador y ponerlo a Él en primer lugar. Respecto al importante asunto de las prioridades, Andrew Murray comenta:

La creatura no sólo tiene que voltear a ver el origen y primer, hálito de su existencia y reconocer que todo lo debe a Dios, sino que ahora —y por toda la eternidad— su primer encargo, su más alta virtud y su única felicidad es presentarse asimismo como un vaso vacío en el cual Dios puede habitar y manifestar su poder y bondad.[74]

---

[73] Joyce Meyer, *Hágalo con miedo: Ármese de valor frente al temor* (Nashville, TN: FaithWords, 2020), 5,8

[74] Andrew Murray, La humildad (Frederick, OK: Editorial Palabra Pura, 2021), 16.

Un líder cristiano fuerte siempre será aquel que ponga a Dios en primer lugar y le ame sobre todas las cosas. Jesús dijo: «El primer mandamiento de todos es: Oye, Israel; el Señor nuestro Dios, el Señor uno es. Y amarás al Señor tu Dios con todo tu corazón, y con toda tu alma, y con toda tu mente y con todas tus fuerzas. Este es el principal mandamiento» (Marcos 12:29-30).

En el capítulo 5 estuve hablando sobre las prioridades en la vida del líder. Todo líder cristiano necesita establecer sus prioridades conforme a la voluntad de Dios. La voluntad de Dios para sus hijos es siempre buena, agradable y perfecta (Romanos 12:2). La Biblia es en general la voluntad de Dios para todos los seres humanos; ahí dice que Dios desea que todos los seres humanos sean salvos (1 Timoteo 2:4) y aprendan a amar a Dios sobre todas las cosas. Jesús puso siempre su relación con el Padre como su máxima prioridad.

C. Jesús amó al Padre con todo su ser

Amar a Dios sobre todas las cosas significa erradicar de nuestra vida cualquier cosa que pueda interferir en nuestra comunión con Dios. La vida de Jesús se caracteriza por una vida de oración y de servicio a los demás, así que este también debería ser nuestro estilo de vida. La oración es el respirar del líder cristiano. Él o ella ora lo que Jesús oró en Getsemaní: «no se haga mi voluntad, sino la tuya» (Lucas 22:42). Es natural que cuando una persona ama a otra quiera escucharle, es así como el cristiano desea escuchar a Dios en su Palabra y hacer su voluntad. Sucede entonces que las palabras de Cristo moran en abundancia en nuestros corazones (Colosenses 3:16), hasta que logramos hablar como Él. El evangelio de Mateo también dice de Pedro: «Un poco después, acercándose los que por allí estaban, dijeron a Pedro: Verdaderamente también tú eres de ellos, porque aun tu manera de hablar te descubre» (Mateo 26:73). Quien ama a Dios en verdad elige las cosas espirituales antes que las cosas materiales o los placeres de este mundo; valora las cosas que Dios valora, ama lo que Dios ama, y odia lo que Dios odia. Jesús amó al Padre sobre todo lo demás, pero también amó lo que el Padre ama: la humanidad. Esto último nos lleva al siguiente punto, Jesús amó a su prójimo como a sí mismo.

III. Jesús amó a su prójimo como a sí mismo

En la parábola de los convidados a las bodas, aquellos que el Rey invitó pusieron excusas para no asistir porque sus prioridades no estaban puestas en el lugar correcto. La parábola nos enseña la importancia del amor por las cosas de Dios, pero también de que el reino de Dios es una fiesta continua. En una fiesta hay convidados, de otra manera no podría llamarse fiesta. Cada uno, cuando está gozoso por algo, desea que muchos se gocen juntamente. Por ejemplo, la mayoría de las personas hemos tenido el deseo (o lo tenemos aun) de tener unas bodas en donde multitudes asistan; no lo hemos hecho así, o no lo haríamos así (quizá) por razones económicas, pero esto está en lo más profundo de nuestros corazones.

Pensemos ahora en la generosidad y en los recursos ilimitados del Rey del universo. Pensemos en la inmensidad de lo que Él ha creado como un acto de generosidad y magnificencia; Él tiene suficiente lugar para todos, y así desea que pensemos nosotros. El amor al prójimo es simplemente una posición de confianza en los recursos de nuestro Padre, que Él tiene para todos en abundancia. Así que, nosotros nos convertimos en coanfitriones del Padre cuando amamos al prójimo como a nosotros mismos.

A. Jesús recibió y bendijo a todos

Toda persona que se acercó al Señor para pedir su favor fue bendecida por Él. Él se mostró generoso y bondadoso y ninguno de ellos fue defraudado. Cada vez que leemos en los evangelios los actos del Señor vemos actos de generosidad y de bendición; y no solo Jesús bendecía a individuos, sino bendecía a sus familias y a sus comunidades. En Génesis 12:2 Dios prometió a Abraham «engrandeceré tu nombre, y serás bendición», y no cabe duda que Jesús era una enorme bendición en todo lugar en donde ponía su pie.

Respecto a esta idea, cuando Matthew Henry comenta Juan 9:16 —capítulo que habla de la sanidad del ciego de nacimiento— dice que este acto de Jesús no solo fue un acto de bondad para el ciego, sino para el público en general, pues con ello le permitía al ciego trabajar para ganarse la vida y ya no ser una carga para la comunidad. «Es noble» —agrega Henry—, «generoso y cristiano estar dispuesto a servir a la comunidad, incluso cuando no estamos obligados a ello o pensamos no estarlo».[75]

Los líderes cristianos necesitamos aprender de la generosidad del Señor y tener la meta de bendecir a todos aquellos que están a nuestro derredor. En lugar de pensar en posiciones o en fama o en cualquier vanidad que este mundo ofrezca, pensemos en la necesidad que existe alrededor nuestro; esta necesidad está presente en las personas que nos son más cercanas. El líder cristiano de éxito siempre bendecirá a las personas que acuden a él o ella en búsqueda de ayuda. No siempre lo que una persona pide corresponde a su verdadera necesidad; sin embargo, el líder cristiano entiende que Dios le ha puesto para ayudar a las personas necesitadas que se encuentre en el camino, pues esto constituye una oportunidad de representarle en la tierra. Si el líder cristiano se convierte en las manos y en los pies de Cristo, entonces con ello estará siendo partícipe del crecimiento del reino de Dios en su generación.

B. Jesús sanó a todos

Particularmente, el Señor Jesús brindó sanidad física, espiritual y emocional a todas las personas que depositaron su fe en Él. Existen varios versículos bíblicos muy reveladores en cuanto a esto, por ejemplo: «Y se difundió su fama por toda Siria; y le trajeron todos los que tenían dolencias, los afligidos por diversas enfermedades y tormentos, los endemoniados, lunáticos y paralíticos; y los sanó» (Mateo 4:24). Este otro dice: «Y cuando llegó la noche, trajeron a él muchos endemoniados; y con la palabra echó fuera a los demonios, y sanó a todos los enfermos» (Mateo 8:16). Y también este: «cómo Dios ungió con el Espíritu Santo y con poder a Jesús de Nazaret, y cómo este anduvo haciendo bienes y sanando a todos los oprimidos por el diablo, porque Dios estaba con él» (Hechos 10:38).

La compasión que tuvo el Señor Jesús por los enfermos no tiene comparativo; Él usó el poder del Espíritu Santo para brindar sanidad a todas las personas que acudieron a Él para recibir ayuda, y ninguno de ellos fue defraudado. Asimismo, el líder cristiano debe tener la misma compasión y orar por los enfermos que estén a su alrededor. Él o ella no podrá sanar a los

---

[75] Matthew Henry, *An exposition of the Old and New Testament Vol. 5* (Philadelphia: Ed. Barrington & Geo. D. Haswell, 1828), 784.

enfermos, pues solo Jesús puede hacer esto, pero sí puede orar por ellos en el nombre de Jesús y creer que el Señor les sanará.

En cuanto a esto, el siguiente pasaje en muy poderoso, el apóstol Santiago dice: «¿Está alguno enfermo entre vosotros? Llame a los ancianos de la iglesia, y oren por él, ungiéndole con aceite en el nombre del Señor. Y la oración de fe salvará al enfermo, y el Señor lo levantará; y si hubiere cometido pecados, le serán perdonados» (Santiago 5:14-15). Estos ancianos de la iglesia, son líderes cristianos, quienes representan al Señor Jesús para la sanidad de los enfermos. Amar al prójimo como a nosotros mismos incluye visitar a los enfermos y ayudarles en sus necesidades.

C. Jesús perdonó a todos

Otra característica importante en Cristo Jesús, de la cual el líder cristiano debe aprender, es que Él tenía un espíritu perdonador. Cristo Jesús dio tal importancia al tema del perdón, que lo hizo un distintivo indispensable del ciudadano del cielo, pues dijo: «Y cuando estés orando, perdonad, si tenéis algo contra alguno, para que también vuestro Padre que está en los cielos os perdone a vosotros vuestras ofensas. (Marcos 11:25). «Porque si perdonáis a los hombres sus ofensas, os perdonará también a vosotros vuestro Padre celestial; mas si no perdonáis a los hombres sus ofensas, tampoco vuestro Padre os perdonará vuestras ofensas» (Mateo 6:14-15).

Nótese la última frase «tampoco vuestro Padre os perdonará vuestras ofensas», esto es, si alguno no es perdonado, entonces aún vive en pecado, y no tiene parte con Cristo. El perdón bíblico tiene al menos las siguientes características: Es...

1) *Continuo*: setenta veces siete.

2) *Indiscriminado*: no hace distinción entre ofensa grande o pequeña.

3) *Pleno* (sin reservas): pues agrega la frase «de todo corazón» (Mt. 18:35).

4) *Indultado*: no desea mal alguno contra el ofensor, sino rechaza todo deseo de venganza. Es decir, *indulta* al ofensor. Y,

5) *Recíproco*: el que perdona también pide perdón por sus propias ofensas y reconoce sus propios errores.

El que perdona de todo corazón vence con su perdón genuino el mal, pues la Biblia dice: «No os venguéis vosotros mismos, amados míos, sino dejad lugar a la ira de Dios; porque escrito está: Mía es la venganza, yo pagaré, dice el Señor. Así que, si tu enemigo tuviere hambre, dale de comer; si tuviere sed, dale de beber; pues haciendo esto, ascuas de fuego amontonarás sobre su cabeza. No seas vencido de lo malo, sino vence con el bien el mal» (Romanos 12:19-21).

Comentando Romanos 12:19-21 Jamieson, Fausset y Brown dicen:

«Dad lugar a la ira». Generalmente se entendería como «denle rienda suelta a la ira». Sin embargo, como lo muestra el contexto, el mandato es dejar lugar a la venganza de Dios. «Ira» aquí parece estar, no referida a la ofensa que somos tentados a vengar, sino a la ira vengadora de Dios (2 Crónicas 24:18), la cual se nos ha ordenado esperar. La expresión «ascuas de fuego...» es una expresión figurativa de la venganza divina (Sal. 140:10; 11:6), y el sentido de ello es: «esa será la venganza más efectiva, ante la cual el ofensor estará obligado a doblegarse (Alford, Hodge y otros), Romanos 12:21 confirma esto. Luego «vence con el bien el mal» significa que con el bien se obtiene la victoria en el sentido más noble.[76]

Jesús puso el ejemplo supremo del perdón al morir en la cruz diciendo: «Padre, perdónales porque no saben lo que hacen» (Lucas 23:34)

En cuanto al tema del perdón se debe hacer lo más pronto posible, pues de otra manera, las consecuencias de su demora llegarán. Dietrich Bonhoeffer hace una anotación interesante al comentar Mateo 5:25 «Ponte de acuerdo con tu adversario pronto, entre tanto que estás con él en el camino, no sea que el adversario te entregue al juez, y el juez al alguacil, y seas echado en la cárcel». Bonhoeffer dice:

> Para hacer esto se nos da un tiempo de gracia, «entre tanto está con él en el camino». Delante de nosotros está el tribunal, pero todavía estamos a tiempo de perdonar y pedir perdón, puesto que no podremos pagar la deuda en la que hemos incurrido de ninguna otra forma. La hora llega cuando caeremos en las manos del Juez; entonces será demasiado tarde, pues no podremos escapar del castigo, tendremos que pagar hasta el último centavo de la deuda.[77]

---

[76] Robert Jamieson, Andrew Robert Fausset, y David Brown, *A commentary, critical and explanatory, on the Old and New Testament Vol. 6* (Hartford, CT: S.S. Scranton & Co.; Hillsdale, MI: J.B. Names), 253.

[77] Dietrich Bonhoeffer, Eliud A. Montoya (Trad.), *El curso de discipulado de Dietrich Bonhoeffer* (Frederick, OK: Palabra Pura, 2020), 125.

El líder cristiano muchas veces será blanco de ofensas, pero su carácter cristiano le hará optar por el perdón. Esto no solo es un mandato supremo de Dios, sino algo bastante conveniente para nuestro bienestar personal en todo sentido. El perdón de los demás es parte fundamental del cumplimiento del mandamiento de amar al prójimo como a uno mismo.

D. Jesús se dedicó a hacer el bien

Jesús amó a su prójimo como a sí mismo y lo demostró con muchas acciones. Hechos 10:37-38 habla de cómo Él dedicó su vida a hacer el bien a los demás. El pasaje dice: «Vosotros sabéis lo que se divulgó por toda Judea, comenzando desde Galilea, después del bautismo que predicó Juan: cómo Dios ungió con el Espíritu Santo y con poder a Jesús de Nazaret, y cómo este anduvo haciendo bienes y sanando a todos los oprimidos por el diablo, porque Dios estaba con él».

El pasaje dice que los hechos de Jesús eran algo bastante notorio en toda la región, y había una multitud de personas que podían dar testimonio de estos hechos. El siervo de Dios es conocido por sus hechos; nuestra vida está más expuesta de lo que pensamos. Dijo el Apóstol que somos cartas leídas por todos (2 Corintios 3:2), y *aun el muchacho es conocido por sus hechos, Si su conducta fuere limpia y recta* (Proverbios 20:11). Por tanto, se engaña a sí mismo el que piensa que puede esconder algo por mucho tiempo. Jesús también dijo: «Así que, no los temáis [refiriéndose a los enemigos del cristiano]; porque nada hay encubierto, que no haya de ser manifestado; ni oculto que no haya de saberse (Mateo 10:26).

Lo que comentan Robert Jamieson, A. R. Fausset y David Brownsobre sobre Mateo 10:26, de la expresión *no hay nada encubierto, que no haya de ser manifestado; ni oculto, que no haya de saberse* es lo siguiente: «Es inútil ocultar algo, ya sea el bien o el mal, la verdad o el error: hay violencia abierta, pero la moral triunfará y las cosas ocultas serán descubiertas. Todo será manifiesto tal como es, y cada uno recibirá lo que le corresponde (1 Cor. 4:5). [78]

---

[78] Robert Jamieson, Andrew Robert Fausset, y David Brown, *A commentary, critical and explanatory, on the Old and New Testament Vol. 6* (Hartford, CT: S.S. Scranton & Co.; Hillsdale, MI: J.B. Names), 63.

Hechos 10:38 también dice que Cristo fue ungido con el Espíritu Santo y con poder. Para hacer la obra de Dios se necesita la unción del Espíritu Santo. Nuestra lucha en contra del mal es haciendo el bien, el bien es el arma que Dios nos ha dado (Romanos 12:21), y ese bien se encuentra en el Espíritu Santo. Cuando el líder está lleno del Espíritu entonces tiene el poder para hacer el bien, para no dejarse dominar por el mal y continuar haciendo el bien encima de todas las circunstancias; y ese bien, tarde que temprano se dará a conocer.

Jesús también habló de las obras del cristiano en Mateo 25:42-45:
Entonces dirá también a los de la izquierda: Apartaos de mí, malditos, al fuego eterno preparado para el diablo y sus ángeles. Porque tuve hambre, y no disteis de comer; tuve sed, y no me disteis de beber; fui forastero, y no me recogisteis; estuve desnudo, y no me cubristeis; enfermo, y en la cárcel, y no me visitasteis. Entonces también ellos le responderán diciendo: Señor, ¿cuándo te vimos hambriento, sediento, forastero, desnudo, enfermo, o en la cárcel, y no te servimos? Entonces les responderá diciendo: De cierto os digo que en cuanto no lo hicisteis a uno de estos más pequeños, tampoco a mí lo hicisteis.

Este pasaje habla de la importancia que tiene hacer el bien, hacer el bien tiene trascendencia eterna. Los líderes cristianos que cumplen con su llamado dedican sus vidas a hacer el bien.

IV. Jesús se dedicó a predicar el evangelio

El mandato del Señor Jesús es claro para todos los creyentes; Él dijo: «Toda potestad me es dada en el cielo y en la tierra. Por tanto, id, y haced discípulos a todas las naciones...» (Mateo 28:18-19). Debido a este mandato de Cristo Jesús, el líder de Dios está comprometido a tener como su prioridad el cumplimiento de la Gran Comisión, esto es, la evangelización del mundo entero, y el discipulado de los creyentes.

A. *Jesús predicó las buenas noticias*

El Señor Jesús predicó el arrepentimiento en primer lugar (Mateo 3:2). El arrepentimiento es la primera voz de buenas noticias, el detonador de la libertad. Sin arrepentimiento no hay perdón de pecados, sin perdón de pecados no hay salvación, y sin salvación, tan solo existe *una horrenda expectación de juicio* (Hebreos 10:27).

Algunos líderes cristianos no predican arrepentimiento en nuestros días porque creen erróneamente que este tiene una connotación negativa. Nada más alejado de la realidad. El llamado al arrepentimiento abre el camino hacia al mundo maravilloso de una lista interminable de buenas noticias. El arrepentimiento es un reconocimiento de la condición real presente del pecador penitente, y sin este reconocimiento no puede haber rescate, pues, ¿cómo se rescataría a uno que está en peligro de muerte si este no quiere ser rescatado?

Eliud A. Montoya, en su libro *Las 16 doctrinas fundamentales explicadas* dice que existen dos condiciones indispensables para que se dé el milagro de la salvación. Dice que la primera tiene que ver con el pasado (con los pecados del pecador a lo largo de su vida); y la segunda con un paso hacia adelante y fuera de su condición pasada: el arrepentimiento y la fe. Luego, el autor continúa diciendo que el arrepentimiento tiene que ver con la culpabilidad del hombre, con su pensamiento acerca de Dios, con su definición de pecado, con su definición de sí mismo, y con una decisión, cuando vuelve en sí.[79]

Por tanto, el líder cristiano de éxito predica la Palabra, predica el arrepentimiento y la fe. Predica en todo tiempo y en toda circunstancia, nunca deja de predicar y enseñar la Palabra. Predica el arrepentimiento con amor, pues sabe que este es el primer paso para el rescate. De esta manera, el líder cristiano sigue el ejemplo de Cristo Jesús. No predica para agradar a la gente, pero predica para agradar a Dios, para ayudar a la humanidad a salir de su condición pecaminosa.

B. Jesús estableció líderes

Cristo Jesús también estableció líderes. La Biblia dice que Él llamó a doce. Marcos 3:13 dice: «Después subió al monte, y llamó a sí a los que él quiso; y vinieron a él». Cristo fue al monte a orar durante una noche entera antes de elegir a los doce discípulos (Lucas 6:12-16). Él sabía que uno de ellos sería el traidor, pues esto ya estaba escrito, pero sabía también que los otros 11 serían los que llevarían el evangelio a todo el mundo. Él escogió a los que Él quiso, por lo tanto, el llamado es de Dios, de su sola voluntad.

---

[79] Eliud A. Montoya, *Las 16 doctrinas fundamentales explicadas* (Frederick, OK: Editorial Palabra Pura, 2017), 74-75.

A esos doce no solo les enseñó la Palabra de Dios, sino que vivió con ellos, les puso el ejemplo, y los entrenó. Les dio oportunidades para ministrar y les otorgó autoridad. El establecimiento de líderes es la tarea más importante del liderazgo cristiano. El líder no establece seguidores, el líder crea líderes; el líder busca quedarse sin seguidores para que estos se conviertan en líderes también, para que hagan el mismo trabajo que él hizo con ellos. Jesús dijo: «El discípulo no es superior a su maestro; mas todo el que fuere perfeccionado, será como su maestro» (Lucas 6:40). También dijo esto otro, que es quizá el versículo más poderoso de las Escrituras, Jesús dijo: «De cierto, de cierto os dijo: El que en mí cree, las obras que yo hago, él las hará también; y aun mayores hará, porque yo voy al Padre» (Juan 14:12).

Por tanto, el líder cristiano de éxito es aquel que enseña todo lo que sabe y no tiene miedo a quedarse solo, pues siempre tendrá nuevos discípulos; él hace todo lo que puede para que sus discípulos sean tan fuertes como él, para que estos a su vez hagan también discípulos. Bernabé discipuló a Pablo, el gran apóstol de los gentiles; sin embargo, Bernabé no buscó que Pablo estuviera con él de por vida, ni que este le llamara «maestro», él simplemente cumplió el llamado del Señor, enseñó a Pablo todo lo que pudo y luego lo dejó ir.

C. Jesús equipó a sus líderes

Jesús no solo enseñó y discipuló a los que Él quiso, sino que les envió al Espíritu Santo. Jesús estuvo con los apóstoles durante más de tres años. Durante este tiempo el Señor los nutrió espiritualmente y les enseñó cosas fundamentales para el establecimiento del reino de Dios, es decir, su Iglesia. Sin embargo, ellos, aunque tenían conocimiento, aunque habían sido testigos de grandes milagros y habían incluso participado en estos milagros (pues Jesús les dio oportunidades para ministrar, sanar a los enfermos y liberar a los endemoniados) con todo, ellos, cuando Jesús murió, estaban llenos de temor, escondidos y paralizados: no tenían el poder para hacer efectivas las palabras de Cristo en sus vidas. Incluso después, cuando Jesús resucitó, la Biblia dice de ellos: «Y cuando le vieron, le adoraron; pero algunos dudaban» (Mateo 28:17). Todo esto nos demuestra que sin el poder del Espíritu Santo todo el buen conocimiento del mundo no será suficiente.

Cristo entonces envió lo que les había prometido, el Espíritu Santo. Jesús les había dicho «pero recibiréis poder, cuando haya venido sobre vosotros el

Espíritu Santo, y me seréis testigos en Jerusalén, en toda Judea, en Samaria, y hasta lo último de la tierra» (Hechos 1:8). El líder cristiano no puede enviar el Espíritu Santo (esto es solo tarea de Cristo), pero puede equipar a sus liderados para estos sean capaces de lidiar con problemas cada vez más complejos.

Christopher Early and Elaine Mosakowski, dicen en su artículo titulado *Cultural intelligence* que los líderes de hoy tienen que lidiar cada día con una maraña de hábitos, gestos y suposiciones que están presentes en personas de una gran diversidad de culturas y percepciones. Ellos hablan de la *inteligencia cultural* (CQ), un término que ellos han definido como la capacidad de dar sentido a contextos desconocidos y luego integrarse. Esta capacidad tiene tres componentes: el cognitivo, el físico y el emocional/motivador. Luego la CQ equipa a una persona para distinguir los comportamientos por la cultura en cuestión de los comportamientos peculiares de individuos particulares y de aquellos que se encuentran en todos los seres humanos. [80]

En otras palabras, los líderes cristianos de hoy necesitan estar equipados con destrezas, habilidades, conocimientos, capacidades y entendimientos de los cuales en generaciones pasadas no se tenía noción. El liderazgo se ha vuelto en una tarea cada vez más compleja y que requiere de equipamiento profundo. Los líderes cristianos, los cuales, como ya hemos dicho, tienen como meta formar nuevos líderes, deben ellos mismos poseer estas herramientas, para que, a su vez, equipen a sus liderados.

Asimismo, los líderes cristianos deben luchar fuertemente por la llenura del Espíritu Santo, pues de otra manera, sus esfuerzos no serán efectivos.

D. Jesús edificó su iglesia

Finalmente, Jesús edificó su Iglesia. Jesús tenía una meta muy bien establecida: el establecimiento de la Iglesia en el mundo. Esta debe ser la meta también de todos los líderes cristianos. Jesús dijo: «Y yo también te digo, que tú eres Pedro, y sobre esta roca edificaré mi iglesia; y las puertas del Hades no prevalecerán contra ella» (Mateo 16:18).

---

[80] Christopher Early and Elaine Mosakowski, "Cultural Intelligence", *Harvard Business Review*, octubre 2004. https://hbr.org/2004/10/cultural-intelligence

El establecimiento de la Iglesia no solo consiste en la plantación de iglesias o el trabajo evangelístico. En el cuerpo de Cristo hay muchas áreas de participación y el líder cristiano debe ubicarse en alguna de estas áreas. Algunos tienen una idea errónea creyendo que tan solo ciertos ministerios son realmente importantes en el reino de Dios y en la edificación de la Iglesia de Jesucristo; sin embargo, todos los ministerios y funciones son importantes, somos un cuerpo. Pablo dice, en referencia a la Iglesia o cuerpo de Cristo: «... de quien todo el cuerpo, bien concertado y unido entre sí por todas las coyunturas que se ayudan mutuamente, según la actividad propia de cada miembro, recibe su crecimiento para ir edificándose en amor» (Efesios 4:15-16).

Todos los líderes cristianos obedientes a Dios, unidos a Cristo participamos en la edificación del reino de Dios en la tierra.

Resumen del capítulo 8

1. Si una persona es apta para liderar lo definen dos áreas principales: a) el *ser* del líder), y b) lo que *hace*. Los líderes cristianos son los que hacen la voluntad de Dios. 2. Tenemos en Cristo Jesús el ejemplo del líder perfecto. 3. Lo primero que podemos aprender de Jesucristo es que Él se hizo como nosotros. 4. Aunque la tendencia global de nuestros días es que las corporaciones se enfoquen en la creación de equipos heterogéneos, esta heterogeneidad no está presente en los ejecutivos de Fortune 100 (entre las personas mejor remuneradas de las empresas más poderosas del mundo). 5. El líder cristiano en su ámbito local se identifica con su equipo, se presenta como uno de ellos, y produce homogeneidad. 6. El Señor Jesús se hizo un ser humano (participante de la misma naturaleza nuestra). 7. En segundo lugar, Cristo se hizo un judío. Él pertenecía a la nación de Israel y provenía del linaje de David. Él no hablaba en latín, ni en griego, Jesús hablaba arameo, el idioma del pueblo. 8. La pobreza del Señor Jesús ha sido un aspecto muy importante a través de la historia, porque se ha identificado con la debilidad humana y su vulnerabilidad. 9. Otros de los aspectos del liderazgo de Jesús es que Él puso su relación con Dios siempre en primer lugar. 10. Jesús tomó decisiones basándose en la voluntad de Dios. 11. Es importante siempre tener en cuenta que las decisiones que tomemos no solo nos afectarán a nosotros sino a

las personas que nos rodean. 12. Todo cristiano debe presentarse a sí mismo como un vaso vacío en el cual Dios puede habitar y manifestar su poder y bondad, por tanto, un líder cristiano fuerte pondrá a Dios en primer lugar sobre todas las cosas. 13. Amar a Dios sobre todas las cosas significa —entre otras cosas— erradicar de nuestra vida cualquier cosa que pueda interferir en nuestra comunión con Él. 14. El líder cristiano debe orar como Jesús: «que no se haga mi voluntad, sino la tuya». 15. Jesús amó a su prójimo como a sí mismo; así como Él tuvo un lugar en su corazón para todos, así desea que pensemos y actuemos nosotros. 16. Toda persona que se acercó a Jesús fue bendecida por Él, así todo aquel que se acerque al líder cristiano debe ser bendecido por él/ella. 17. La compasión que tuvo el Señor al sanar a todos los enfermos que tuvieron fe en Él nos enseña a tener compasión de todos. 18. El líder cristino no puede mantener rencores ni odio contra nadie, su corazón debe ser uno que perdone de todo corazón. 19. Jesús se dedicó a hacer el bien, a predicar el evangelio y a equipar líderes. 20. Jesús ocupó su vida en construir y edificar su Iglesia.

Capítulo 9
CONOCE TU MÁXIMO POTENCIAL COMO LÍDER

«La mayor sabiduría que existe es conocerse a uno mismo» —Galileo Galilei.

Una de las metas principales de todo líder es desarrollar el máximo potencial que Dios le ha dado. Para ello, es necesario empezar por realizar un autoexamen o una auto evaluación de uno mismo, luego igual de importante conocer bien a las personas que están a nuestro alrededor.

Estoy seguro de que uno de los más grandes problemas del liderazgo es que los líderes no se conocen a sí mismos ni tampoco conocen a los demás. A menudo encontramos personas que dedican su vida a aquello para lo que no tienen talento, o para algo incluso que opaca los dones que Dios les ha dado. Hay quienes también, en el afán de hacer muchas cosas, no se enfocan adecuadamente. Hoy se habla de *influences* y muchas personas definen el éxito con la fama o lo material, pero sabemos que esto no es así para con Dios, nuestro diseñador.

Muchas personas en las iglesias se quejan de que no se les brinda suficiente tiempo, y que para sus líderes ellos son desconocidos (aunque hayan estado por años en la iglesia). Es triste, pero esto es una realidad, por tanto, este es uno de los temas a tratar más importantes en este libro.

En este capítulo veremos el tema de conocerse a sí mismo y a los demás. Empezaremos hablando sobre conocer las fortalezas y fortalecer las fortalezas; luego sobre la personalidad, sobre el entendimiento de la forma en que uno capta la información y aprende. Si es una persona que necesita de constante orientación o si es autodirigible. Si es un lector o es un oyente, si es uno que aprende hablando, o si es escribiendo, enseñando, etc. De los valores de cada individuo y de los conflictos que podría haber con todas estas cosas.

En la segunda parte de este capítulo veremos el importante tema de conocer a los demás. Este tema es bastante amplio y su desarrollo necesita libros enteros, sin embargo, en este capítulo se verán algunas ideas que pueden ayudarte en esta tarea. Recuerda que en este capítulo hablaré de aspectos teóricos, que se han comprobado en la práctica; sin embargo, debes orar a Dios para que Él, como tu Creador, te muestre con claridad todas estas cosas.

Cada líder cristiano debe conocer su propio estilo de liderazgo; identificar los talentos y dones que el Espíritu Santo le ha otorgado; desarrollar la visión que Dios le ha dado para el futuro del grupo y de la organización; armarse de un equipo de trabajo; y, por último, debe reconocer que su liderazgo depende de Dios y está al servicio de Él y del pueblo.

I. Conócete a ti mismo

Se podría decir que todos los grandes líderes de la historia, Abraham Lincoln, Napoleón, Franklin, etc., tienen un común denominador: ellos han tenido control de ellos mismos. En este libro he estado dando consejos y alternativas para mejorar y desarrollar el liderazgo que Dios ha puesto en tus manos, y está claro que, aunque sabemos que Dios interviene en nuestras vidas para ayudarnos, el desarrollo depende también de nosotros. Por tanto, es indispensable tener una buena administración de nuestra persona antes de poder ayudar a otros a desarrollar su potencial. Tenemos que entender cuál es nuestra posición en esta vida para otorgar nuestra máxima contribución.

Muchos anhelan cierto tipo de liderazgo, pero quizá ese no sea su lugar, y si acaso fuese puesto ahí, su contribución podría ser muy pobre o quizá nula. No se trata de ver lo que otros están haciendo y fijar sus carreras como nuestra meta de vida, se trata de luchar con nosotros mismos para desarrollar nuestro máximo potencial de liderazgo. Para lograr esto, es necesario, en primer lugar, conocerse a sí mismo.

A. Conoce tus fortalezas

Muchas personas viven la vida sin siquiera conocer para aquello que son buenas. También muchos otros viven pensando que son *no* son buenas para algo que, en realidad, si lo intentaran, descubrirían que sí lo son. La enorme mayoría de las personas viven sin fuerza porque hacen aquello para lo que no fueron creados, se enfocan en las cosas incorrectas, aquello en lo que son débiles, en lugar de enfocarse en lo que son fuertes.

Jonathan Kaufman, escribiendo para la revista Forbes, menciona a Peter Druker, quien dijo: «La única manera de descubrir tus puntos fuertes es mediante el análisis de la retroalimentación. Siempre que tomes una decisión clave o realices una acción clave, escribe lo que esperas que suceda. Nueve o

12 meses después, compara los resultados reales con tus expectativas. Llevo practicando este método entre 15 y 20 años y cada vez que lo hago, me sorprendo». Druker también dice: «El éxito en el conocimiento de la economía proviene de aquellos que se conocen a sí mismos: sus fortalezas, sus valores, y como esto funcionan mejor». [81] A esto se le ha llamado método de análisis retrospectivo

El método de análisis retrospectivo se puede entender mejor explicado de la siguiente manera: Para conocerte a ti mismo necesitas reconocer que no tienes tanto talento como te gustaría y que deseas desarrollarte en lugar de pensar que ya lo tienes y sentarte en tus laureles. En segundo lugar, necesitar identificar las áreas en las que necesitas trabajar. Escribe en una hoja de papel aquellas áreas en las que no eres muy bueno, en las áreas que has visto en que necesitas mejorar. En tercer lugar, establece en oración, cuál es la estrategia que adoptarás para mejorar en esas áreas. En cuarto lugar, registra cómo va tu progreso en esas áreas que necesitas mejorar; escribe en un diario cada día tu progreso (o retroceso). En cuarto quinto lugar, haz un gráfico de tu progreso (es siempre útil ver tus avances gráficamente). En sexto lugar, siempre será bueno tener un mentor. Habla con tu mentor de tus progresos, de tus fracasos y frustraciones, establece con él/ella nuevas estrategias y denle seguimiento juntos. El seguimiento es sumamente importante.

Por cierto, el método de análisis retrospectivo no es algo nuevo. Siglos antes fue adoptado y desarrollado por dos teólogos: Ignacio de Loyola (1491-1556) y Juan Calvino (1509-1564).

B. Fortalece tus fortalezas

Una vez que te has dado cuenta de cuáles son tus fortalezas, necesitas trabajar para fortalecer tus fortalezas. Toma más esfuerzo llevar tu incompetencia a la mediocridad que llevar un desempeño de primer nivel a la excelencia; por tanto, necesitas trabajar en mejorar tus fortalezas.

---

[81] Jonathan Kaufman, "Mindset Matters: Questions for leaders to maximize mental health as a competitive advantage", *Forbes*, mayo 23, 2019.
https://www.forbes.com/sites/jonathankaufman/2019/05/23/mindset-matters-questions-for-leaders-to-maximize-mental-health-as-a-competitive-advantage/?sh=5d1047eaef1a.
Nota: Kaufman menciona el artículo de Druker titulado: «Managing Oneself» [Administrarse a sí mismo].

Factores fundamentales del liderazgo

Aunque tus líderes podrían ayudarte (de esto hablaré en el subtítulo que sigue), la mayoría de las veces, necesitarás rogar a Dios en oración que te muestre cuáles son los dones y habilidades que Él te ha dado. Dios ha dado dones y talentos a cada persona, y es muy importante que descubras por ti mismo aquello en lo que eres bueno. Deberemos pedir a Dios que nos lo muestre, y haciendo uso del método de análisis retrospectivo, con el tiempo, podremos darnos cuenta por nosotros mismos de nuestras propias fortalezas.

Una vez que hemos comprendido nuestras fortalezas, debemos enfrentarnos al conocimiento. Es decir, descubrir las áreas en que necesitamos mejorar para hacer brillar nuestro talento. Un futbolista nace con ciertas habilidades, pero, ¡necesita aprender las reglas del futbol!

Para fortalecer tus fortalezas necesitarás ser humilde. Todo líder, en general, debe ser humilde, y de esto hemos estado hablando en capítulos anteriores, pero tratándose de la tarea de fortalecer tus fortalezas, esto tiene vital importancia. La arrogancia siempre será un gran obstáculo para tu crecimiento. Debes mantenerte aprendiendo, jamás debes creer que ya has llegado a un punto en que no es necesario aprender más. Hay muchas personas, mayormente aquellas que tienen muchos años de experiencia en un área, que piensan que han llegado al pináculo del mundo, y no continúan aprendiendo; piensan que su talento es tan grande que no necesita pulimiento, pero se equivocan rotundamente.

Respecto a este tema, es también importante aprender un poco de otras áreas, ya que ese conocimiento podrá tener aplicaciones en tu propia área de liderazgo, aunque parezca que no. En este punto es necesario ser creativos. Constantemente veo personas que incluso se enorgullecen de su ignorancia, pero esa carencia tarde que temprano les traerá sus malos frutos. Los técnicos dicen no saber nada de humanidades, y los de humanidades dicen no meterse en absoluto con los aspectos técnicos, pero adquirir conocimiento en distintas áreas fuera de la que está directamente relacionada con tu talento, te ayudará a fortalecerlo indirectamente y te dará un valor agregado.

Por el otro lado, para fortalecer tus fortalezas es muy importante deshacerte de tus malos hábitos. Los malos hábitos pueden estar presentes en muchas áreas y pueden ser precisamente la piedra de tropiezo del crecimiento de tu liderazgo. Todos los malos hábitos tienen solución, pero necesitas orar a Dios y trabajar para deshacerte de ellos. Quizá los peores malos hábitos para el líder serán aquellos relacionados con los malos modales y una forma ruda de tratar a las personas. Es muy importante que el líder cristiano desarrolle mucho en el área de las relaciones interpersonales y los buenos modales. 1 Pedro 3:8 dice: «Sed todos de un mismo sentir [empatía], compasivos [inteligencia emocional], amándoos fraternalmente [ver a los demás como sus hermanos y mostrarles amor], misericordiosos, amigables».

Una vez más, para fortalecer tus fortalezas necesitas concentrarte en el área de tu talento. Debes ser líder en esa área y no aceptar los trabajos y asignaciones que corresponden a áreas distintas. Todos tenemos una gran cantidad de áreas en las que no tenemos talento, y si nos dedicamos a ellas, existen pocas posibilidades de destacar, incluso, difícilmente podríamos llegar a ser mediocres. Mucha gente hoy en día trabaja duro en áreas en las que no tiene ningún talento, mientras no invierte tiempo ni esfuerzos en aquello en lo que sí tiene, esto es un gran desperdicio de vidas; por tanto, debemos invertir y dedicar nuestra energía, recursos y tiempo en todo lo que nos ayude a convertirnos en líderes mundiales, en aquello en lo que tenemos talento, es decir, debemos dedicarnos a fortalecer nuestras fortalezas.

C. Se fiel a tu personalidad

Ciertamente este libro te está ayudando a mejorar la calidad de tu liderazgo, y a tener mejores y más claros pensamientos para tu crecimiento. Sin embargo, mientras que existen muchas cosas en las que se puede mejorar y cambiar, existen cosas básicas, que, así como las fortalezas personales, pertenecen a tu forma única de ser.

Cada persona tiene su propia manera de desempeñarse, su propia personalidad, no trates de ser otra persona, tú eres único, sé auténtico. Cada uno, aunque sea igual de talentoso en un área que otro —partiendo de la premisa hipotética de que esto se pueda medir— él o ella tiene su propia manera de desempeñarse. Como dice el dicho popular: «Cada uno tiene su propia forma de matar pulgas», es cuestión de personalidad. La personalidad se va forjado en la crianza, mucho antes de que la persona empiece a trabajar. Los malos hábitos pueden cambiarse, los buenos mejorarse, pero ciertamente hay rasgos y formas de hacer las cosas y de actuar que no pueden cambiarse, o si se modifican, será solo ligeramente, son parte de tu personalidad. Por tanto, descubre también la manera en que tú te sientes libre trabajando y logras desempeñarte mejor.

En muchas ocasiones, los líderes cristianos tienden a imitar a otros líderes y esto quizá debido a su admiración por ellos. Trata de no hacer tal cosa; sé auténtico, sé fiel a tu propia personalidad, a tu forma particular y única de hacer las cosas, haz las cosas como sabes que funciona para ti.

Cuando se trata de tu personalidad. No intentes cambiar tu personalidad; pues es poco probable que lo logres. Antes bien, trabaja para mejorar tu forma de desempeñarte para dar resultados.

D. Cuál es tu forma de entender y de aprender

Otro aspecto del conocimiento de uno mismo tiene que ver con la forma en que entiendes. Hay dos formas de entender, oyendo y leyendo. El lenguaje escrito y el lenguaje verbal son dos formas completamente diferentes de comunicación, y rara vez una persona es buena para ambos. Hay un sector de la población que entiende mejor el lenguaje por escrito, pero hay otro sector de la población que comprende oyendo. Cuando una persona es un lector, su respuesta cuando le hablan no será la misma que cuando le escribe, y sus habilidades de comunicación serán mucho mejores cuando se comunica en lenguaje escrito. Mientras que una persona que entiende cuando le hablan, su respuesta por escrito será pobre.

Por otro lado, hay también diferencia en la forma en que cada persona aprende. Por ejemplo, para aprender de un libro, unas personas aprenden cuando se oyen así mismas leer el libro, pero otras aprenden haciendo notas del libro, y otras aprenden simplemente copiando porciones manuscritas del libro. Hay personas que, al ir a la escuela, no aprenden, no porque sean poco inteligentes sino porque ahí someten a todos a un mismo método de aprendizaje, cuando ellos aprenden de manera distinta. Los escritores, por ejemplo, ellos aprenden cuando escriben, ni siquiera cuando leen.

Respecto a esto, Druker escribió: «Hay personas, como Wilson Churchill, que aprenden escribiendo. Algunas personas aprenden tomando muchas notas. Beethoven, por ejemplo, dejó una enorme cantidad de cuadernos de bocetos, pero dijo que nunca los miraba cuando componía...». Algunas personas aprenden haciendo; otras aprenden oyéndose a sí mismos hablar. Y Druker añade: «Los escritores, por regla general, no aprenden escuchando y leyendo, aprenden escribiendo. Como las escuelas no les permiten aprender de esta manera, obtienen malas calificaciones» [82] Hay al menos una docena de maneras distintas para aprender, y tú debes de identificar cuál es la tuya y aprender de esa manera.

E. Autodirigidle o subordinado

Aunque a casi todas las personas les gusta la idea de ser independientes en su liderazgo, al conocerte a ti mismo, debes comprender si realmente eres un líder que trabaja de manera autónoma o si eres un líder que avanza más cuando tiene un jefe. No todas las personas son buenas para trabajar de manera autónoma y sin un jefe al que tengan que constantemente dar cuentas. Druker dice que un ejemplo claro de esto es George Patton. Él dice que cuando se proponía que George Patton fuera un comandante independiente, George Marshall dijo: «Patton es el mejor subordinado que jamás haya producido el ejército americano, pero él sería el peor comandante». [83]

Recuerda que lo más importante es producir resultados, no tu prestigio ni tu popularidad. Es mucho mejor que des resultado y vayas cumpliendo tus metas siendo un subordinado, a fracasar queriendo ser líder autónomo. Si en tu vida tienes la bendición de toparte con un líder que, al tú ser su subordinado, serás prosperado y alcanzarás tus metas, no dudes en someterte a su autoridad. No siempre existen esos líderes cerca de ti, pero cuando aparecen son una enorme bendición.

Por otro lado, también existen quienes están destinados por Dios para convertirse en líderes autónomos; sin embargo, al menos por un tiempo (en ocasiones buena parte de su vida), tienen que ser subordinados. Un ejemplo claro de esto último se puede observar en la vida de Josué. Él estaba destinado por Dios para que fuese quien introdujese al pueblo de Israel a la tierra prometida; sin embargo, durante buena parte de su vida fue un subordinado de Moisés. Si este fuese tu caso, sea cual fuere tu papel, asegúrate de ser feliz y dar resultados ahora, ¡no esperes a ser feliz ni a dar resultados hasta que ocupes el lugar de Moisés!

---

[82] Peter Druker, "Managing Onself", Harvard Business Review, enero 2005. https://hbr.org/2005/01/managing-oneself?autocomplete=true
[83] Ibid.

Por tanto, es tu labor identificar cómo es que eres más efectivo ahora, y moverte por las sendas que Dios te vaya dirigiendo.

F. Eres consejero o un decision-maker

Cuando trabajas en conocerte a ti mismo debes de descubrir si eres una persona que se desempeña como consejero o si tienes la capacidad de soportar la presión de ser un *decision-maker* (la persona que toma las decisiones).

En el reino de David, por ejemplo, David era un *decision-maker*, pero él tenía a un consejero llamado Ahitofel (1 Crónicas 27:33). La historia de Ahitofel es triste porque él traicionó a David y finalmente se suicidó, pero su vida nos ilustra la enorme importancia que tiene un consejero. La narración bíblica nos dice que cuando Ahitofel se pasó al bando de Absalón David tuvo temor porque él sabía que, si su enemigo seguía el sabio consejo de este consejero, tendría muchas posibilidades de apoderarse del trono. Fue por ello que rogó a Dios diciendo: «Entorpece ahora, oh Jehová, el consejo de Ahitofel» (2 Samuel 15:31). Lo que sucedió después fue que Absalón siguió el primer consejo de Ahitofel e iba avanzando tremendamente, pero falló en seguir su segundo consejo y tontamente optó por el de Husai. La Biblia dice: «Entonces Absalón y todos los de Israel dijeron: El consejo de Husai arquita es mejor que el consejo de Ahitofel. Porque Jehová había ordenado que el acertado consejo de Ahitofel se frustrara, para que Jehová hiciese venir el mal sobre Absalón» (2 Samuel 17:14, la acentuación es mía). Se puede decir que cuando tanto el consejero y el *decisión-maker* entienden cada uno su lugar, entonces lograrán hacer un equipo muy poderoso, es decir, cuando el *decision-maker* es lo suficientemente humilde para seguir el consejo del consejero, y el consejero es lo suficientemente humilde para no pretender ser el número uno, entonces ambos serán un equipo ganador.

Para estar al frente se necesita tener carisma y el temperamento para soportar las presiones políticas. En un pastorado, por ejemplo, se necesita tratar con la gente, y esto, de alguna manera, es entrar en el terreno de la política, querámoslo o no. Un líder puede ser una persona muy espiritual y de mucha sabiduría, pero no tener el talento para dirigir y mandar. Se espera que el pastor, en este caso, sea una persona sabia también, y que tenga una alta espiritualidad, pero raramente será a la vez un consejero y puede no tener el don de sabiduría, mientras que es deseable que lo tenga su copastor. Incluso, cuando pensamos que el pastor tiene ambos dones, el caso es distinto: muchos pastores exitosos tienen en sus esposas el consejo sabio que ellos necesitan, ellas son las consejeras y ellos son los *decision-makers*, es por eso que ese equipo hace que ambos ocupen lugares de prominencia en el liderazgo.

Si el *decision-maker* quiere ser también consejero, vendrá a la ruina; y si el consejero quiere ser a la vez un *decision-maker*, también. Ambos deben entender que no se trata de quién es el que es captado por las cámaras, sino de crear un equipo ganador, ambos son líderes el uno del otro, pero en distintas posiciones de liderazgo. Ambos son también seguidores.

En este sentido, Peter Druker dice: «Quienes toman decisiones fuertes a menudo colocan a alguien en quien confían en el segundo lugar como asesor, y en esa posición la persona es sobresaliente. Pero en el puesto número uno, la misma persona falla. Él o ella sabe cuál debería ser la decisión, pero no puede aceptar la responsabilidad de tomarla». [84]

G. Cuál es tu ambiente de trabajo

En la tarea de conocerte a ti mismo deberás hacerte una pregunta más: ¿Me desempeño bien bajo estrés o necesito un entorno altamente estructurado y predecible? Evidentemente, no todos los líderes están listos para ser sometidos a altas cargas de estrés. El estrés en general no es considerado algo bueno; sin embargo, muchos líderes altamente productivos lo son porque constantemente están sometidos a estrés y presiones de trabajo importantes.

Esto quiere decir que hay personas que si tienen poco trabajo trabajan muy poco, pero si tienen una gran carga de trabajo trabajan varias veces más y mucho más productivamente. Por otro lado, hay otras personas que necesitan ambientes bien estructurados y solamente cierta cantidad trabajo, suficiente pero constante; de esa manera ellos se mantienen trabajando productivamente, ya que, de otra manera, si son sobrecargados de trabajo, se bloquean y no hacen nada.

---

[84] Ibid.

H. Identifica tu sistema de valores

Todos los líderes cristianos deben tener un alto sentido de moralidad. La moralidad que el cristiano tiene está basada en la Biblia, y mayormente en las palabras de Cristo. No obstante, existe también en cada líder un sistema de valores que difiere de una persona a otra. Es decir, la pregunta que debes hacerte es: ¿a qué le das valor? ¿Qué es lo que consideras valioso o de importancia?

Fuera de aquello que *todos* los cristianos deberíamos dar importancia, existen cosas que son parte de nosotros, de nuestro propio modo de ser, son parte de nuestra identidad personal. Por ejemplo, hay líderes enfocados en los números, en la cantidad, mientras que otros se enfocan más en la calidad. Ambos conceptos deberían estar unidos, pero no siempre esto es así, por lo que habrá momentos de decisión y en esos momentos actuaremos en base a nuestros valores internos.

Para una organización/liderazgo cierto tipo de actividades, por ejemplo, la conversación con las personas podría tener más importancia que el estudio, por tanto, enfoca la mayor parte de su tiempo en ello; mientras que otro considera el estudio algo más importante que hablar con las personas, y esto último es solo la parte práctica que resulta de mucho tiempo de estudio (considera que el mucho estudio le ayudará a ser mucho más efectivo a la hora de hablar con los demás). Ambos consideran las dos actividades sumamente importantes, pero uno sesga sus esfuerzos de un modo y otro de otro.

Una persona tiene la filosofía de hacer pequeñas pero constantes contribuciones a la causa misionera, mientras a otra le gusta hacer una sola pero grande. Ambos pueden estar dando la misma cantidad, pero su sistema de valores es distinto.

De igual manera, cuando tú trabajas para una organización o trabajas bajo cierto liderazgo debes entender y hacer tan compatible como puedas tu sistema de valores, pues de otra manera, no podrán trabajar armoniosamente. De igual manera, tus subordinados deberán adaptarse lo más posible a tu sistema de valores, pero asegúrate de no demandar demasiado.

I. Conflicto entre tus valores y tus fortalezas

En forma general, tus valores coinciden con tus fortalezas, pero habrá ocasiones que no es así. Sin hablar de aquello que contradice la moralidad cristiana, y todo tipo de trabajo y de ocupación que no concuerda con las palabras de Cristo, hay ocasiones en que puedes tener talento para algo, pero Dios te está llamado a hacer otra cosa. Es posible también que pienses que para eso no tienes talento, pero en tal caso, él te lo dará.

En la Biblia tenemos varios casos de esto. El llamamiento de Moisés, por ejemplo, ilustra que no siempre aquello para lo que tenemos talento define nuestro llamado si es que Dios está en el asunto. Moisés no tenía habilidades de comunicación. ¡Es indispensable que el líder de una nación tenga habilidades de comunicación! No obstante, encima de toda la lógica, Dios quería que Moisés fuese líder y caudillo del pueblo de Israel.

Es muy interesante lo que dice Peter Druker de su experiencia: dice que entendió que tenía un gran talento para hacer dinero como banquero en Londres, pero que, a la vez, tenía el deseo de dedicarse a ser escritor. Luego él declaró: «Me di cuenta de que lo que valoraba eran las personas y no veía ningún sentido en ser el hombre más rico del cementerio». [85]

Peter Druker se convirtió el hombre de más influencia en el mundo de la administración de los tiempos modernos. Sus libros son citados en casi todos los tratados de administración, negocios y liderazgo en el mundo entero.

No obstante lo anterior, debes ser cauteloso. El caso del llamamiento de Moisés y de otros en la Biblia son casos especiales. Para ello, Dios tiene que revolucionar la vida de una persona, a fin de llevarla al sitio que Él quiere, encima de varias imposibilidades. No te dejes llevar por las emociones, y cerciórate de que Dios te está llevando a ello. Por ejemplo, se da el caso de una persona que por naturaleza es un consejero, pero que Dios quiere que se convierta en un *decision-maker*. Para que esto sea posible, Dios hará pasar a tal persona por un proceso doloroso para cambiar sus patrones mentales y revolucionar su vida. El caso inverso también podría suceder y cualquiera de ambas cosas deben considerarse promociones, porque son de Dios y esto es necesario para su Reino. La idea de que un consejero tiene una posición inferior, y que el hecho de que este se convierta en un *decision-maker* es una

---

[85] Ibid.

promoción, ambas cosas por sí solas no son maneras correctas de ver las cosas. Por ejemplo, consideremos 1 Samuel 23. En ese capítulo se habla de los valientes de David. Comienza hablando de tres de ellos que fueron los más prominentes, sin embargo, con todo y ser tan prominentes, si no hubiese sido por que sus nombres se mencionan en esa parte de la Biblia, jamás hubiésemos sabido de su existencia. Incluso, la Biblia también menciona que estos no eran los jefes, sino Abisai, de quien dice: «Él era el más renombrado de los treinta, y llegó a ser su jefe; mas no igualó a los tres primeros» (v. 19).

¿Por qué Dios hace a veces esas cosas? Dios nos demuestra con ello que Él no está sometido a ningún padrón y que actúa como le place. Él es alfarero, y si a Él le place rehacer a una persona desde sus fibras más íntimas, Él lo hará.

En el mundo se glorifica a las personas famosas, las ricas, poderosas, a las que son visibles. Sin embargo, esto para Dios no tiene ninguna importancia, incluso Jesús dijo: «Dios conoce vuestros corazones; porque lo que los hombres tienen por sublime, delante de Dios es abominación» (Lucas 16:15). Juan el Bautista, por ejemplo, tuvo la misión de ser el precursor de Cristo. Cuando Jesús apareció él asumió su posición y dejó que Jesús creciera; incluso, testificó de Él para que Cristo fuese más visible y le alegró que sus propios discípulos dejaran de seguirle para seguir a Jesús; es interesante también que Juan el Bautista no fue un discípulo directo de Jesús, ni pretendió ser uno de los doce apóstoles: Juan entendió muy bien cuál era su misión. Considero que tanto el subordinado, como el consejero, como el *decision-maker*, como el autodirigidle; los que son buenos para algo que es captado por las cámaras, quienes hacen algo en el sótano del edificio o en la penumbra, todos estos son líderes, si se sitúan en el lugar que les corresponde, harán equipo para engrandecer el reino de Dios.

J. Reconoce tu tierra prometida

El mundo lanza por todos lados sus tentáculos, quiere atraerte e influenciarte, quiere que pienses que solo los que son visibles son realmente importantes y exitosos. No obstante, lo que realmente importa es que te conozcas a ti mismo y de esta manera puedas desarrollar al máximo tu potencial; ya que, si no te colocas en la posición que te corresponde, tampoco podrás ayudar a otros a colocarse en la suya, y en lugar de ayudar al progreso lo estorbarás y entorpecerás (hablando tanto del tuyo como el de los otros).

Entre más temprano puedas conocerte a ti mismo, más fácil y rápido podrás avanzar. Debes conocer cuáles son tus fortalezas y fortalecerlas. También entender qué es lo que distingue tu personalidad del resto, y ser fiel a ella. Cada persona tiene su forma particular de trabajar, de hacer las cosas, de avanzar, reconoce la tuya y desarrolla tus propios métodos. Recuerda que los métodos que funcionan para una persona no necesariamente funcionarán para ti, y lo que funciona para ti puede no ser de valor para otra persona. Asimismo, debes comprender si eres un consejero o un *decision-maker*, si eres una persona autodirigidle o necesitas estar subordinado para ser productivo, si te gusta más trabajar bajo presión o prefieres los ambientes bien estructurados y predecibles, si entiendes mejor leyendo y oyendo, y cuál es la mejor manera en que aprendes. Finalmente, debes conocer perfectamente cuál es su sistema de valores y aferrarte a él con lealtad. Así que, si todo esto tiene lugar en tu vida entonces, ¡felicidades! ¡has encontrado tu tierra prometida! El lugar en donde Dios quiere que estés.

Pero eso no termina ahí, debes aprender a decir *no* a los lugares a los que tú *no* perteneces. No importa lo atractiva que parezca la posición; no importa que tanto dinero ganarías, no importa si promete fama o una posición privilegiada, si ese no es tu lugar, si esta no es tu tierra prometida ni el lugar a donde perteneces, debes aprender a decir *no*. Por otro lado, debes aprender a decir *sí* a las oportunidades que concuerden con tu persona. Si ya has invertido tiempo y esfuerzos para conocerte a ti mismo, si tú ya has logrado, mediante la gracia de Dios conocer tu persona, lo que sigue es esto: aprender a decir *no* y a decir *sí*, según sea el caso.

Respecto a este tema, Druker dice:

> Las carreras exitosas no se planifican, se desarrollan cuando las personas están preparadas para las oportunidades, porque conocen sus fortalezas, su método de trabajo y sus valores. Saber a dónde uno pertenece puede transformar a una persona común y corriente (quizá trabajadora y competente, pero al fin mediocre) en una pieza sobresaliente. [86]

---

[86] Ibid.

II. Conoce a los demás

Siempre es necesario tener presente una realidad: necesitas de otros. Muy pocas personas trabajan solas y logran grandes resultados ellos mismos, haciéndolo todo ellos solos. La gran mayoría de las personas que resultas eficaces y exitosas son aquellas que se rodean de otros.

Ahora bien, involucrarse y trabajar con otras personas nunca ha sido una tarea fácil, pero a la postre si uno logra aprender a trabajar efectivamente con los demás, los resultados serán maravillosos. En todo este libro hemos estado hablando de distintas estrategias y *tips* para mejorar y explotar nuestro potencial de liderazgo, y todo esto tiene que ver con gente. Como hemos dicho ya, si no hay seguidores no hay liderazgo tampoco.

En este capítulo he estado explicando la importancia de conocerse a sí mismo como una de las reglar importantes del juego; sin embargo, también debemos aprender a aceptar que, así como nos gusta ser como nosotros somos y movernos como pez en el agua en nuestro ambiente, así los demás. Ellos son tan individuales como nosotros mismos, y tan dueños de sus decisiones como nosotros. Ellos también tienen sus fortalezas, y sus maneras particulares de hacer las cosas, etc.

Dicho lo anterior, para ejercer un buen liderazgo deberás conocer las fortalezas de tu equipo de trabajo, cómo ellos se desempeñan mejor, cuál es su sistema de valores, es decir, qué es aquello a lo cual ellos le dan importancia, etc.

Si tú, como líder no aprendes a conocer a tus liderados no lograrás que ellos desarrollen su máximo potencial y den lo mejor de ellos. Si uno de ellos, por ejemplo, es un lector y tú le das asignaciones en lenguaje hablado, este solo hecho reducirá su productividad, lo contrario también es verdad. Si sabes qué es aquello a lo que tal o cual persona de tu equipo da más valor aprenderás a aprovechar ese conocimiento para hacer crecerla crecer y si ella crece, tú crecerás también, el equipo crecerá.

A. Utiliza el conocimiento de los demás

Quizá tú, como líder, puedes pensar que tal o cual persona es incompetente, perezosa e inútil; sin embargo, quizá el problema está en ti, que no has tenido la competencia de conocerla. Entre tu equipo puede estar una persona que puede aportar muchísimo a la organización, a la iglesia y a su liderazgo, y en general, al reino de Dios; pero que, por causa de tener un líder que no se ha preocupado por conocerla verdaderamente, no es capaz de desarrollar ese potencial existe en tal persona. Asimismo, tú, como líder, debes entender que cada uno trabaja a su manera, no a la manera que tú le digas o que para ti funcione o pienses que es mejor. Comprender a las personas y aprovechar sus fortalezas en uno de los grandes secretos de la eficacia en el equipo de trabajo.

B. La importancia de una buena comunicación

La comunicación de la que hablo aquí consiste en saber qué es lo que están haciendo los demás, qué es lo que cada uno puede aportar, que avances se tienen de determinado proyecto, cuáles son los resultados que se esperan de cada uno, y qué es exactamente lo que le toca a cada uno. Se tienen que hacer preguntas y clarificar todas las cosas para que no existan dudas. Los porqués de las cosas: ¿por qué cada uno está haciendo lo que está haciendo? ¿Qué papel juega en el todo la tarea que cada uno está haciendo? ¿Cómo es que lo están haciendo (aunque no concuerde con la manera en que tú lo harías)?

Asimismo, debes educar al equipo de trabajo sobre el tema de la comunicación. Mientras tú debes hacer las preguntas correctas, ellos deben de saber comunicar lo que piensan y lo que están haciendo y esto sin ningún temor. Es responsabilidad de cada miembro del equipo comunicar efectivamente al líder y a los otros miembros del equipo en qué son buenos, cuáles son las tareas en que desea concentrarse, y cuál será su contribución, sin embargo, el líder no debe temer preguntar estas mismas cosas.

En el pasado, el liderazgo se basaba en la autoridad, ahora se basa en la confianza. Esto significa que el líder debe aprender cómo es cada persona y relacionarse con ellos. Lograr esto es esencial, pues de este conocimiento depende el éxito o el fracaso de su propio liderazgo. En el pasado se necesita ordenar a las personas lo correcto, ahora los líderes necesitan ser buenos comunicadores y motivadores para que las personas hagan las cosas por ellas mismas, de su propia voluntad e iniciativa. El líder debe ganarse la confianza de las personas para que estas se abran y revelen su esencia, lo que ellos son. Luego el líder deberá aprovechar esta información de manera efectiva.

C. La complejidad de las personas

Conocer a las personas y comprenderlas nunca ha sido una tarea sencilla. Cada cabeza es un mundo, y cada persona es distinta. En ocasiones, los conceptos de psicología tienden a estereotipar a las personas, a meterlas a todas en un marco de prescripción psicológica; sin embargo, aunque hay patrones repetitivos, cada persona es distinta y necesitamos tomarnos el tiempo para conocerlas. Así como debemos tomar el tiempo suficiente para conocernos a nosotros mismos, debemos tomar el tiempo suficiente para entender a los demás.

Las personas tienen un pasado, pero eso no significa que actualmente sean lo que fueron. Especialmente cuando una persona ha nacido de nuevo en Cristo toda su vida cambia. Asimismo, cada persona tiene intereses e inclinaciones diversas dependiendo de su edad y de su etapa en la vida. Sin embargo, se puede decir en general que todos somos alimentados por desafíos. A las personas les gusta ser desafiadas, pero lo que para una persona es un desafío, puede no serlo para otra. Las personas cambian de enfoque y aun hasta de carrera en nuestros días, fuerzas misteriosas les impulsan al cambio, el líder debe ser lo suficientemente perspicaz para conocer estos cambios.

D. Indaga sobre sus talentos

El líder debe enfocarse en descubrir cuáles son los talentos de sus liderados. Para esto él o ella debe estar atento a las cosas que él o ella hace bien. Cuando esto sucede, en lugar de simplemente darle una palabra de gratitud y de alabanza, será bueno conversar sobre el asunto, preguntar sobre el proceso, ¿cómo es que lo pudiste hacer? ¿Cómo nació la idea? ¿Qué técnicas usaste? ¿Por qué las usaste?

La segunda cosa para descubrir los talentos es indagar cómo es que las personas piensan y no solo lo que ellas hacen. Lo que una persona hace se mide con los logros, con el alcance de metas, pero siempre detrás de esos logros hay una filosofía, una forma de hacer las cosas, un método. Si tú logras conectarte con una persona para descubrir cómo piensa te irás dando cuenta de sus talentos. Instintivamente, él o ella hace bien algo que corresponde a su talento, pero quizá ellos mismos pueden no haberse dado cuenta de ello; cuando hablas con él o ella sobre esto notarás entusiasmo y su conversación tendrá relación de una u otra manera con su talento. Cuando hablas sobre ese tema te conectas con esa persona, y además de encontrar empatía con ella, descubrirás sus talentos.

Una tercera cosa es no solo descubrir qué es lo que motiva hacer a un seguidor, sino algo más allá: por qué él o ella tiene esas preferencias. Por ejemplo, a un miembro de la iglesia le gusta hacer videos para instruir a los adolescentes a seguir a Cristo, y quizá te des cuenta de que tiene talento para ello. Si piensas en la causa detrás de ello quizá te des cuenta que él tiene hijos adolescentes a los cuales está instruyendo en el temor de Dios. Quizá el punto no está precisamente en hacer videos de YouTube, sino en la instrucción en sí, y los videos son solo un instrumento. Este descubrimiento se podría aprovechar para crear un programa para los adolescentes y un ministerio para esa persona que puede quizá tener grandes alcances. Por otro lado, su talento puede estar en crear videos, tu misión será descubrirlo.

Lo peor es tener a nuestro lado a una persona frustrada. Pregunta a las personas cuáles son sus sueños, qué es lo que quisieran hacer de los años por venir. Si su sueño concuerda con lo que hacen ahora o si les gustaría hacer algo distinto. Quizá dando un pequeño giro a la tarea que están haciendo ahora será suficiente para ayudarlos a sentirse más satisfechos. Algo también es cierto: no siempre los sueños de una persona corresponderán a la realidad y no siempre serán los sueños de Dios para él o para ella, pero esta información te ayudará a descubrir posibilidades y a explorar nuevos campos. Descubrir el talento de una persona no es una tarea fácil y en muchas ocasiones parece ser algo totalmente accidental; sin embargo, los hijos de Dios sabemos que Dios va delante y es el más interesado en que desarrollemos nuestro máximo potencial. Enfócate en orar con ellos y ofrécete para ayudarles.

Resumen del capítulo 9

1. Todos los grandes líderes de la historia han tenido control de ellos mismos. 2. Es indispensable tener una buena administración de nuestra persona antes de poder ayudar a otros a desarrollar su potencial. 3. La enorme mayoría de las personas viven sin fuerza porque hacen aquello para lo que no fueron creados, se enfocan en cosas incorrectas. 4. La única manera de descubrir tus puntos fuertes

Factores fundamentales del liderazgo

es mediante el análisis de la retroalimentación: siempre que tomes una decisión clave o realices una acción clave, escribe lo que esperas que suceda. 5. El método de análisis retrospectivo te ayuda a conocerte a ti mismo. 6. Siempre será útil tener un mentor con el que hables de tus progresos, de tus fracasos y frustraciones, establece con él/ella nuevas estrategias y denle seguimiento juntos. 7. Toma más esfuerzo llevar la incompetencia a la mediocridad que llevar un desempeño de primer nivel a la excelencia. 8. Necesitas enfrentarte al conocimiento: descubrir las áreas en que necesitas mejorar para hacer brillar tu talento. 9. Para fortalecer tus fortalezas necesitarás deshacerte de tus malos hábitos. 10. Debes concéntrate en las áreas que competen a tu talento, y no aceptar los trabajos y asignaciones que corresponden a áreas distintas. 11. Existen cosas básicas que pertenecen a tu personalidad única, debes mantenerte fiel a tu personalidad. 12. La personalidad se va forjando con la crianza, mucho antes de que la persona empiece a trabajar. Ciertamente hay rasgos y formas de hacer las cosas y de actuar que no pueden cambiarse o si acaso se cambian, solo será ligeramente (son parte de tu personalidad). 13. Necesitas entender cuál es tu forma de aprender, lo cual comienza con la forma en que entiendes. Hay dos formas generales de entender, oyendo y leyendo. 14. Cuando una persona es un lector, su respuesta cuando le hablan no será la misma que cuando le escriben. 14. Hay diversas formas de aprender. Hay personas que aprenden escribiendo, otras tomando notas, otras haciendo tareas, otras oyéndose hablar a sí mismas, etc. 15. Aunque a casi todas las personas les gusta la idea de ser independientes en su liderazgo, al conocerse a ti mismo, debes comprender si realmente eres un líder que trabaja de manera autónoma o si eres uno que avanza más cuando tiene un jefe. 16. Cuando trabajas en conocerte a ti mismo debes descubrir si eres una persona que se desempeña como consejero o si tienes la capacidad de soportar la presión de ser un *decision-maker*. 17. Esto último se podría ejemplificar con David y Ahitofel. 18. Una buena pregunta para conocerte a ti mismo será: ¿me desempeño bien trabajando bajo estrés o necesito un entorno altamente estructurado y predecible? 19. Debes definir perfectamente tu sistema de valores preguntándote: ¿A qué le das valor? Y, ¿qué es lo que consideras valioso o de importancia? 20. Para desarrollar tu máximo potencial de liderazgo no solo debes conocerte a ti mismo, sino también conocer bien a aquellos que están bajo tu liderazgo; aquí es donde tiene lugar la importancia de una buena comunicación, conocer la complejidad de las personas e indagar sobre sus talentos.

Capítulo 10
El líder y la solución de conflictos

«El pesimista ve la dificultad en cada oportunidad, el optimista la oportunidad en cada dificultad» —Winston Churchill.

El liderazgo cristiano incluye aquello a lo que suele llamarse «la parte negativa del liderazgo», esto es, los conflictos. En realidad, no existe ningún liderazgo libre de conflictos. Los conflictos suelen ser la causa principal de grandes presiones y de estrés, por lo que tener un conocimiento adecuado para manejarlos es algo sumamente importante.

Los conflictos requieren paciencia y mucha honestidad; mantener la calma en momentos de dificultad y ansiedad; estos demandan mucho tiempo y en ocasiones grandes cantidades de dinero; ahoga sueños, pero también los crea. Sea cual fuera el propósito que Dios tiene con ellos, nos llegan y son consecuencia de algo, nunca son sin causa, en otras palabras, no se producen en un vacío.

Se puede decir, que una de las funciones más importante de un líder cristiano es la resolución de los conflictos, por ello, quise que este capítulo estuviera al final, para cerrar con mucha fuerza el contenido de este libro, hablando de otro de los factores fundamentales del liderazgo.

Es posible vislumbrar la llegada de los conflictos. Son diversos, inevitables y cada uno tiene su distintivo particular; por eso, la experiencia en cierto conflicto, no nos dará las soluciones precisas para otro (aunque sí podría servirnos de entrenamiento para los que vendrán).

Todos los líderes en la Biblia pasaron por conflictos de diversa índole y ninguno, se puede decir, tuvo un liderazgo enteramente pacífico, de hecho, esto sería virtualmente imposible e incluso, poco deseable desde la perspectiva de un liderazgo efectivo. Así que, siendo que los conflictos no se pueden ni evitar ni ignorar se podrían aminorar (en la medida de lo conveniente) y afrontarlos con sabiduría, con la actitud correcta, y con madurez. De hecho, la manera en que cada líder maneja los conflictos define la calidad y estatura de su liderazgo. Se puede decir que los conflictos son los exámenes de competencia de los líderes.

En este último capítulo estaré hablando de algunos de los conceptos más importantes que atañen a la resolución de conflictos.

I. Mantener los conflictos al mínimo

La primera respuesta que solemos presentar a la pregunta, ¿cuál es la función de un líder cristiano en relación a los conflictos?, es que este debería mantenerlos al mínimo. Es decir, una función totalmente pacificadora, tratando con todas sus fuerzas de mantener la menor cantidad de conflictos posibles. No obstante, aunque lo utópico sería que los seres humanos trabajemos en armonía perfecta, esto, debido a la naturaleza caída del ser humano, nunca será posible; e incluso, sin ellos, la sociedad sería muy injusta. Los conflictos, por tanto, son inevitables simplemente porque estamos liderando seres humanos pensantes.

Incluso, en general, se puede decir de forma positiva, que los conflictos son deseables. Se puede decir que, en un mundo como el nuestro, en donde existe mucha más educación, y en donde las opiniones y las formas de pensar son tan diversas (muy distinto a lo que ocurría hace apenas cincuenta años, p. ej.), es deseable que se motive a las personas a expresar sus opiniones y se descarte cualquier indicio de autoritarismo.

Por lo antes dicho, la función del líder no es tanto minimizar los conflictos, sino su función es crear un ambiente honesto de participación de líderes.

Hablando para el Harvard Business Review, Liane Davey, dice: «Tu objetivo como gerente de proyecto es proporcionar un foro seguro y constructivo para que todos entiendan las demandas [de los otros] y encuentren un camino que ofrezca el mejor resultado posible, dados los recursos disponibles dentro de su tolerancia al riesgo». [87]

Esto quiere decir, que se deben exponer libremente el pensamiento y las ideas de otros para enriquecer la toma de decisiones, las cuales habrán de tomarse en base a la tolerancia del grupo a los riesgos involucrados. En lugar de tratar de someter arbitrariamente a los demás bajo su autoridad, el líder cristiano debe estar consciente de que las personas con las que interactúan

---

[87] Liane Davey, "The Conflict Resolution Skills Ever Project Manager Needs", Harvard Business Review, octubre 20, 2023. https://hbr.org/2023/10/the-conflict-resolution-skills-every-project-manager-needs (accesado 6/5/2024).

pueden tener ideas divergentes, y su tarea es encontrar un camino unificador; debe fomentar la conciencia, la comprensión y el respeto por las diversas perspectivas, y dirigir al grupo para que tome decisiones sabias bien informadas y dirigidas por el Espíritu Santo.

A. Los conflictos son inevitables

Los discípulos de Jesús solían tener conflictos entre sí. En Marcos 9:33-34 leemos que Jesús «llegó a Capernaum; y cuando estuvo en casa, les preguntó: ¿Qué disputabais entre vosotros en el camino? Mas ellos callaron; porque en el camino habían disputado entre sí, quién había de ser el mayor».

Existen otros conflictos mencionados en al NT. En Hechos 15 tenemos la historia del conflicto entre Pablo y Bernabé respecto a llevar o no a un viaje misionero a Marcos. En Gálatas 2:11-14, Pablo mismo relata su conflicto con Pedro. En 1 Corintios 1:10-17 Pablo reprendió a la iglesia de Corintio por hacer divisiones y conflictos: unos decían ser seguidores de él, otros de Apolos, otros de Cefas, y otros de Cristo.

B. Enfrentar antes que evadir

En Mateo 18 Jesús nos enseña la manera en que deben tratarse los conflictos, enfrentándolos. El texto dice: «Por tanto, si tu hermano peca contra ti, ve y repréndele estado tú y él solos; si te oyere, has ganado a tu hermano. Mas si no te oyere, toma aún contigo a uno o dos, para que en boca de dos o tres testigos conste toda palabra. Si no los oyere a ellos, dilo a la iglesia; y si no oyere a la iglesia, tenle por gentil y publicano» (Mateo 18:15-17).

El Señor no aconseja minimizar las cosas o ignorarlas, Él dice que deben enfrentarse: «si tu hermano peca contra ti, ve y repréndele estado tú y él solos...». Muchos de los grandes conflictos que se han generado en las vidas de muchos tiene como raíz la desobediencia a este sencillo principio, muchos rehúsan enfrentar los conflictos porque piensan que de esa manera fomentan la paz; sin embargo, muchas veces es todo lo contrario, hacen que las cosas se tornen peores.

Hace algunos años en nuestro mundo tuvimos la experiencia del covid-19, una terrible pandemia que terminó con la vida de millones de personas alrededor del mundo. Durante este tiempo, muchos de los que trabajaban en una oficina se vieron forzados a trabajar desde sus casas, y esto generó tensiones y conflictos familiares.

Respecto a esta experiencia y hablando sobre el tema de los conflictos, Mara Olekalns y Jessica A. Kennedy dicen:

«No evites los problemas. Aborda las pequeñas frustraciones y molestias a medida que ocurran: los problemas que se ignoran crecen y las emociones que se reprimen se intensifican. Si el ruido de tu pareja al escribir interrumpe tu trabajo, habla de ello antes de romper el teclado». Y luego agregan «Las personas que tratan las adversidades, grandes y pequeñas, como oportunidades de transformación son más felices, saludables, y las parejas que replantean estos momentos como oportunidades para compartir y comprender mejor las necesidades mutuas emergen con relaciones más sólidas». [88]

C. Pasar por alto la ofensa

Desde luego que sí existen ocasiones en que es más conveniente evadir o ignorar las ofensas, y esto a fin de no crear conflictos cuyo resultado será infructuoso. Si, por ejemplo, al ir manejando, otro conductor te insulta, ¿qué provecho traerá discutir o pelear con un desconocido? No obstante, hablando de personas con las que deseas mantener una relación duradera, siempre será preferible enfrentar los conflictos de manera positiva.

Al estar hablando sobre este tema, quizá vengan a tu mente algunos otros versículos bíblicos que hablan de pasar por alto la ofensa. Por ejemplo: «La cordura del hombre detiene su furor, Y su honra es pasar por alto la ofensa» (Proverbios 19:11), y también dice: «El que cubre la falta busca amistad; Mas el que la divulga, aparta al amigo» (Proverbios 17:9).

Estos versículos tienen que ver con la necesidad de evitar el enojo y perdonar. Cuando una persona se enfurece por la ofensa y no la perdona, *no está pasando por alto la ofensa*, aunque no diga nada. Por tanto, pasar por alto la ofensa no quiere decir que la evitemos o no la enfrentemos. Dios nos ordena pasar por alto la ofensa, es decir, no airarnos y perdonarla; sin embargo, al mismo tiempo, debemos tener la valentía para enfrentarla.

---

[88] Mara Olekalns y Jessica A. Kennedy, "How Couples Can Find Balance While Working from Home", Harvard Business Review, diciembre 14, 2020.
https://hbr.org/2020/12/how-couples-can-find-balance-while-working-from-home (accedido 6/5/2024).

La Biblia dice: «No te apresures en tu espíritu a enojarte; porque el enojo reposa en el seno de los necios» (Eclesiastés 7:9). Dios habla en repetidas ocasiones de mantener la calma y perdonar. Sin embargo, es necesario que la otra persona sepa que cometió una falta, aunque también, al mismo tiempo, necesita saber que tú ya la has perdonado.

Pasar por alto la ofensa significa actuar como Jesús, quien perdonó a sus ofensores y los bendijo, aun al estar clavado en la cruz, Jesús dijo: «No resistáis al que es malo; antes, a cualquiera que te hiera en la mejilla derecha, vuélvela también la otra» (Mateo 5:39). Por ello, si, por ejemplo, alguien te insulta, no debes airarte ni mucho menos pagarle con la misma moneda. Antes bien, debes ir a Dios en oración, y cuando estés hablando con Dios, perdonarle. La Biblia dice: «Y cuando estéis orando, perdonad, si tenéis algo contra alguno, para que también vuestro Padre que está en los cielos os perdone a vosotros vuestras ofensas» (Marcos 11:25).

D. Prevenir los conflictos

Cuando hablamos de prevenir los conflictos, tenemos que necesariamente hablar de tipos de conflictos. En este capítulo estoy hablando de los dos tipos de conflictos que existen: los conflictos saludables y los conflictos tóxicos o destructivos.

Siempre será algo sano que los miembros de los equipos estén en desacuerdo. Los equipos que nunca están en desacuerdo no desafían paradigmas ni investigan nuevas ideas, ni señalan errores, ni motivan a los demás a hacer su máximo esfuerzo. De hecho, la diversidad tiene mucho que ver con que tu equipo lleve diversos puntos de vista a la mesa. Si estos puntos de vista se convierten en conflictos, entonces habrá creatividad y un buen aprendizaje.

Es claro también que no todos los conflictos son positivos, pues existen también aquellos que traen en sí una buena dosis de toxicidad y son potencialmente destructivos. Estos son los conflictos que se necesitan evitar y combatir, mientras que los primeros deben más bien procurarse.

Tu función como líder cristiano es fomentar la creatividad del equipo; y una forma de hacerlo es dejar que existan conflictos saludables. Mientras que los conflictos positivos o saludables harán que los lazos del equipo se unan, los conflictos tóxicos harán lo opuesto.

No siempre es fácil distinguir cuando un conflicto es saludable o tóxico. En muchas ocasiones deberás hacerte la pregunta de cuál será el resultado final de alguna diferencia, mientras que se necesita una bastante creatividad, experiencia y habilidad para dirigir un conflicto a buen puerto. Siempre es deseable que el equipo sepa las reglas cuando existen desacuerdos, y cuáles son los signos de un conflicto que se empieza a tornarse tóxico o a entrar en un círculo vicioso y destructivo.

Los miembros del equipo deben saber que son libres para expresar sus puntos de vista, pero siempre se debe hacer esto de manera respetuosa y de frente. Siempre, en cualquier discusión es posible hacer una pausa para la investigación y la documentación; y una vez más, haz ver al equipo que tú, aunque eres un moderador, no eres un juez, ni tu función es decidir quién tiene la razón, pues no se trata de eso, se trata de llevar adelante las metas del equipo.

II. Manejo de las emociones en los conflictos

Una de las habilidades más importantes a considerar para la resolución de conflictos es la habilidad de comunicación. El líder debe ser un buen oyente. Este debe escuchar con atención el punto de vista de los demás tratando de entender, no solo el valor de las palabras que ellos hablan sino la intención y el espíritu con el que lo hacen. Esto quiere decir que no se trata de solo escuchar lo que sus palabras dicen sino lo que ellos están pensando al decir lo que dicen.

Asimismo, como ya hemos estado diciendo en este libro, el buen líder debe poseer un buen nivel de *inteligencia emocional*, la cual le ayudará a empatizar y a entender el punto de vista de los otros miembros del equipo.

Hablando de aquellos conflictos que parecen estar saliéndose de control, y que están tornándose tóxicos, es natural que existan emociones. En este apartado estaré hablando del manejo de las emociones en dos escenarios: 1) en donde tú como líder tienes un conflicto con otro líder colega tuyo dentro de un equipo, y 2) en donde tú, como líder del equipo tienes un conflicto con varios miembros del equipo (o incluso —peor aún—, con todos los miembros del equipo).

A. Manejo de las emociones frente a un individuo

Susan David es fundador del Harvard/McLean Institute of Coaching, dentro de la Facultad de Medicina de Harvard, y autora del libro *Emotional Agility*, un libro que ha llegado a ser número uno en ventas, según la lista del Wall Street Journal Best Seller. Ella dice que cuando surge un conflicto que se está tornando tóxico y las emociones afloran, la primera decisión que debes tomar es si darás a conocer tus emociones o no, si es conveniente o no, pero, ante todo, debes hacerte cuatro preguntas: 1) ¿Quién está tomando el control, soy yo o la emoción?, 2) ¿Qué es exactamente lo que estoy sintiendo? 3) ¿Cuál es la función de esta emoción? [Pues Dios la creó para mi bien], 4) ¿Hasta qué punto me sirve expresar mi emoción en esta situación? [89]

Si están enfrentando una situación injusta, debes plantearlo de esta manera: «Creo que a todos nos interesa mantener un buen nivel de justicia; creo que estamos de acuerdo en que mantener un fundamento de respeto y de justicia es algo que a todos nos interesa...».

1. Es mi emoción o soy yo: La primera pregunta de Susan se podría traducir así: ¿quién está dominando las reacciones? Es necesario ver a la emoción como si fuese una entidad y hacernos esta pregunta. De esto, Susan dice: «Si la emoción está dictando cómo actuar, será difícil hacer lo que tú necesitas hacer: tomar la perspectiva de la otra persona, tener compasión, y articular claramente su narrativa de las cosas». [90]

2. ¿Qué es exactamente lo que estoy sintiendo?: Esta pregunta tiene relación con la estrategia psicológica de etiquetar los sentimientos, es decir, nombrarlos. Hay ocasiones, por ejemplo, que nos podemos sentir enojados (esto de hecho es común para casi todos), pero normalmente hay otro sentimiento que está detrás de ese enojo, ¿envidia? ¿frustración? ¿decepción? Susan dice: «Antes de que puedes decidir expresar tu emoción o no, necesitas entenderla mejor. Pregúntate a ti mismo: "¿Qué es lo que estoy experimentando exactamente? ¿Cuál es la emoción debajo de la emoción?"

---

[89] Susan David, "Should You Share Your Feeling During a Work Conflict?", Harvard Busines Review, diciembre 06, 2017. https://hbr.org/2017/12/should-you-share-your-feelings-during-a-work-fight (accedido 6/5/2024).

[90] Ibid

Etiquetar de manera precisa las emociones es un paso crítico para avanzar con eficacia». [91]

3. ¿CUÁL ES LA FUNCIÓN DE ESTA EMOCIÓN?: Esta pregunta ayuda a entender que las emociones tienen una función positiva. Las emociones fueron diseñadas por Dios para el bien del ser humano, y deben servir de esa manera. Partiendo de esta idea sencilla, podemos entender que el temor, por ejemplo, ayuda a salvaguardar o proteger al ser humano de un peligro. Siendo así, debes preguntarte, ¿qué es lo que mi mente está entendiendo como peligro? Habiendo meditado en el asunto, podría hablar con la otra persona que está envuelta en el conflicto puntualizando no solo que tienes miedo, sino las amenazas o peligros que yo estas percibiendo. El miedo, por cierto, es un detonador de la mayoría de los conflictos.

4. ¿HASTA QUÉ PUNTO ME SIRVE EXPRESAR MI EMOCIÓN EN ESTA SITUACIÓN?: Esta es la última pregunta que Susan plantea. Después de haberte dado cuenta si es tu emoción la que domina o eres tú; después de etiquetarla y de considerar lo que esta te está diciendo, tienes ahora que preguntarte si expresar lo que sientes realmente ayudará a resolver el conflicto o empeorará las cosas.

Para determinar esto, una de las cosas que debes estar bien seguro es de cuál es tu punto de partida. Susan dice: «Los psicólogos hablan de emociones "calientes" o "frías." Las emociones "calientes" con aquellas que tienen el deseo urgente, por ejemplo, de vindicar tus derechos o de venganza. Las "frías" tienen la intención de mejorar la situación». [92]

Después de este análisis estarás más preparado para hablar con tu prójimo. Al hacer esto, trata de partir de una plataforma común, por ejemplo, la regla de oro, el sentido de justicia y los intereses comunes entre ambos. Estas son cosas que la mayoría de las personas tiene como fundamentos, y máximo tratándose de conflictos entre cristianos.

B. Las emociones dentro de un grupo

Lo más crítico de este asunto, es que cuando una persona empieza a albergar emociones negativas como individuo, digamos, contra uno de tus

---

[91] Ibid.
[92] Ibid.

líderes, si este individuo no las controla, llegará un momento en que empezará a externarlas hablando negativamente de su prójimo delante de otros, lo que generará un manojo de emociones negativas en contra de ese líder, ya no emanadas de una sola persona, sino de un grupo de personas. ¿Cómo frenar esta situación? ¿Cuáles son las acciones que tú como líder deberías tener cuando esto se presenta?

La gente se siente bien al manifestar sus emociones, y cuando estas emociones son compartidas por un grupo, se magnifican. Por ejemplo, una persona, al ser espectador en un estadio, siente alegría porque su equipo favorito está ganando, esta emoción tiende a magnificarse cuando los que están a su alrededor sienten lo mismo (este es el más grande atractivo de ser espectador en un estadio repleto de gente). En la euforia del grupo, la gente puede convertirse en un monstruo destructor. Cuando los integrantes de un grupo sienten lo mismo, entonces el grupo es fuerte, se siente fuerte, es fuerte. Por ello el apóstol Pablo ordena por el Espíritu: «Sed de un mismo sentir, y vivid en paz...» (2 Corintios 13:11); y también, otra vez: «Ruego a Evodia y a Síntique, que sean de un mismo sentir en el Señor» (Filipenses 4:2); y ora para que los romanos tengan un mismo sentir (Romanos 15:5). Asimismo, el apóstol Pedro dice: «Finalmente, sed todos de un mismo sentir, compasivos, amándoos fraternalmente, misericordiosos, amigables» (1 Pedro 3:8).

Hablando sobre este tema, Amit Goldenberg, profesor asistente de la Escuela de Negocios de la Universidad de Harvard brinda algunas estrategias para regular las emociones de un grupo. [93]

1. Establecer rituales: Una estrategia para regular las emociones es establecer rituales. Esta demostrado que los rituales (cosas que se hacen como parte de un protocolo) tienden a regular las emociones y a dar sentido de unidad.

Goldenberg dice: «Los equipos deportivos desarrollan rituales antes del juego para reducir la ansiedad e intimidar al oponente. Las organizaciones con altos niveles de estrés como las compañías de inversión y las firmas de

---

[93] Amit Goldenberg, "Managing Your Team's Emotional Dynamic", Harvard Business Review, enero 10, 2023. https://hbr.org/2023/01/managing-your-teams-emotional-dynamic (accesado 6/5/2024).

abogados, suelen desarrollar ciertos rituales al final de cada semana para ayudar a los empleados a relajarse». [94]

Esto puede ser aplicado al equipo de liderazgo de la iglesia, por ejemplo, celebrando los cumpleaños, o estableciendo fechas para convivencias familiares.

2. LA REDIRECCIÓN DE EMOCIONES: El líder muchas veces posee la influencia suficiente para redireccionar las emociones, es decir, hacer que las emociones de la gente cambien de lugar. Por ejemplo, si en el grupo hay tensiones entre ellos mismos, es estratégico establecer metas y proyectos para que las emociones y esfuerzos se canalicen a alcanzar esa meta antes que ser usadas en conflictos internos. Estos proyectos promoverán la creatividad y el trabajo conjunto.

Un ejemplo de la redirección de emociones lo tenemos en el caso de Elías en 2 Reyes 19. Cuando Elías tenía fuertes emociones de depresión, la estrategia de Dios fue darle trabajo, el pasaje termina diciendo:

> Y he aquí, vino a él una voz, diciendo: ¿Qué haces aquí, Elías? Él respondió: He sentido un vivo celo por Jehová Dios de los ejércitos; porque los hijos de Israel han dejado tu pacto, han derribado tus altares, y han matado a espada a tus profetas; y solo yo he quedado, y me buscan para quitarme la vida. Y le dijo Jehová: Ve, vuélvete por tu camino, por el desierto de Damasco; y llegarás, y ungirás a Hazael por rey de Siria. A Jehú hijo de Nimsi ungirás por rey sobre Israel; y a Eliseo hijo de Safat, de Abel-mehola, ungirás para que sea profeta en tu lugar» (2 Reyes 19:13-16).

De igual manera, esta fue la estrategia que utilizó Nehemías para crear unidad de sentir en el grupo que estuvo bajo su liderazgo.

3. LA REEVALUACIÓN: Respeto a esta estrategia, Amit explica: «La reevaluación implica repensar o reinterpretar una situación de manera que impacte la respuesta emocional posterior». [95]

---

[94] Ibid.

[95] Amit Goldenberg, "Managing Your Team's Emotional Dynamic", Harvard Business Review, enero 10, 2023. https://hbr.org/2023/01/managing-your-teams-emotional-dynamic (accesado 6/5/2024).

Esto es muy frecuente cuando sucede algún evento negativo. El líder sabio siempre habrá de reevaluar lo sucedido para encontrar el lado positivo del asunto. De la misma manera, un conflicto entre dos miembros de su equipo debe tener para el líder un aspecto positivo que es necesario hacer notar. Una discusión que se está tornando acalorada puede ser el punto de partida para ideas nuevas y frescas que no se habían visto antes; el líder sabio debe encontrar rápidamente estos puntos de inflexión y reevaluar la conversación bajo esa óptica. Los buenos líderes cristianos siempre encuentran cómo reevaluar cada situación para que resulte en algo positivo.

4. **RESPUESTA REGULADA:** Una cuarta estrategia es la *respuesta regulada*. Esta estrategia tiene que ver con la respuesta que, en primer lugar, manifiesta el líder ante una situación de conflicto o de tensión. El líder debe ser aquel que sepa controlar perfectamente sus emociones para que sus gestos, lenguaje corporal y tonalidad de su voz no sean de impacto negativo para los demás.

Respecto a esto, Amit menciona un ejemplo muy interesante. Él dice:

> Considera uno de los experimentos más famosos de la psicología del desarrollo, el acantilado visual. En este experimento, se pide a un bebé que cruce lo que parece ser un precipicio arrastrándose sobre un piso de vidrio perfectamente seguro pero aterrador. El cuidador del bebé [su madre, p. ej.] está esperando en el otro lado. Las investigaciones sugieren que la expresión facial del cuidador juega un papel tremendo para ayudar al niño a navegar sobre este desafío, y superar su miedo e incertidumbre. [96]

Aunque los líderes no son niñeros ni los que están bajo su liderazgo tampoco son bebés, incluso los adultos tendemos a ser influenciados de esta manera.

Respecto a esta estrategia, Amit, dice que el líder tampoco debe reprimir sus emociones, él dice:

> Un líder que reprime sus emociones para tratar de influir en su equipo probablemente las exprese de otras maneras a través de su comportamiento, tono o reacción hacia los demás, y las personas *son* muy buenas para detectar emociones, incluso si estas se ocultan bien. No expresar emociones puede

---

[96] Ibid.

funcionar por un tiempo, pero es poco probable que sea una buena solución a largo plazo. [97]

Por esta razón, el líder debe poseer la suficiente inteligencia emocional para controlar sus propias emociones, y utilizarlas a su favor a la hora de liderar el grupo.

Un ejemplo bíblico de esto lo podemos ver en el rey David. Cuando el ejército de David mató a Absalón y David lo supo, el rey se entristeció y lloró. ¿Cuál fue entonces la reacción del pueblo? La Biblia dice:

> Dieron aviso a Joab: He aquí el rey llora, y hace duelo por Absalón. Y se volvió aquel día la victoria en luto para todo el pueblo; porque oyó el pueblo aquel día que el rey tenía dolor por su hijo. Y entró el pueblo aquel día en la ciudad escondidamente, como suele entrar a escondidas el pueblo avergonzado que ha huido de la batalla. (2 Samuel 19:1-3).

En este pasaje podemos observar cómo el estado emocional del líder (David) influyó poderosamente en aquellos que estaban bajo su liderazgo.

Estas y otras estrategias son útiles para moderar las emociones del grupo y así dirigirlas hacia un puerto de paz y bienestar, a fin de que el líder cristiano, con su liderazgo, haga avanzar el reino de Dios.

III. Manejo de un conflicto con un colega

El líder no solo tendrá conflictos con aquellos con los que están bajo su liderazgo (aquellos en los que él está involucrado, u otros en los que él será un mediador), sino también aquellos conflictos que se presentan con sus colegas, es decir, aquellos que están en su mismo rango. Aunque este capítulo está más orientado a la resolución de conflictos en donde él/ella está involucrado con sus subalternos, o bien, en su función de mediador, me gustaría hablar un poco más respecto a los conflictos que el líder pueda tener con un colega.

---

[97] Ibid.

A. El enfrentamiento

Más arriba estuve hablando del principio que Jesús ordenó para enfrentar un conflicto con un par, aquellas personas sobre las cuales no tenemos ninguna autoridad: Jesús dice: «Por tanto, si tu hermano peca contra ti, ve y repréndele estando tú y él solos» (Mateo 18:15).

En muchas ocasiones, la tendencia es a ir por el camino del temor o de la hipocresía. La persona puede tener miedo a enfrentar al par por temor a represalias, por temor a encontrar mayor desavenencia o porque piensa que la ofensa es algo pasajero y que no debe de dársele importancia. Sin embargo, Jesús ordena darle importancia, y esto es necesario para fomentar relaciones sanas. Igual o quizá aún más incorrecto es no comunicarse debido a la hipocresía. La persona ofendida no se comunica porque está tramando vengarse de alguna manera. Vemos en la Biblia el caso de Absalón. La Biblia dice: «Y le dijo su hermano Absalón: ¿Ha estado contigo tu hermano Amnón? Pues calla ahora, hermana mía; tu hermano es; no se angustie tu corazón por esto... Y luego que el rey David oyó todo esto, se enojó mucho. Mas Absalón no habló con Amnón ni malo ni bueno; aunque Absalón aborrecía a Amnón, porque había forzado a Tamar su hermana» (2 Samuel 13:20,22). La historia continúa, y Absalón terminó asesinando a su hermano. En lugar de ir y enfrentar a su hermano, él calló. David calló también, en lugar de haber aplicado la justicia con su hijo (tal y como lo marcaba la ley de Moisés), él calló. La ley dice:

Mas si un hombre hallare en el campo a la joven desposada, y la forzare aquel hombre, acostándose con ella, morirá solamente el hombre que se acostó con ella; mas a la joven no le harás nada; no hay en ella culpa de muerte; pues como cuando alguno se levanta contra su prójimo y le quita la vida, así es en este caso (Deuteronomio 22:25-26).

La ley decía que Amnón debía morir (aunque si la mujer quería, él tenía la opción de casarse con ella, pero él no quiso, ver 2 Samuel 13:13); sin embargo, David guardó silencio.

La grave falta de David por no hacer justicia en este caso le costó la vida de dos hijos (en lugar de uno solo), y la vida de otros muchos que murieron innecesariamente. Por tanto, una de las lecciones que tenemos de esta historia es que debemos enfrentar las ofensas, aunque, como he dicho más arriba, debemos antes perdonarlas.

B. Establecer como meta regresar al trabajo conjunto

Algunos piensan que con perdonar la ofensa cometida y evitar un conflicto es suficiente; sin embargo, la meta última no debe ser esto, sino que ambos, el ofensor y el ofendido, vuelvan a trabajar conjuntamente. Por ejemplo, hablando de un líder en la iglesia que te ha ofendido, tú le has perdonado en oración y ahora estas en camino a él para enfrentar la ofensa. El objetivo no es simplemente «cumplir» con el mandato de Jesús de enfrentar la ofensa, sino que tu objetivo deberá ser que las cosas se arreglen de tal manera que ustedes puedan volver a trabajar juntos sin problema alguno.

En su artículo «How to Navigate Conflict with a Coworker», Amy Gallo habla de siete principios que pueden ayudar a manejar efectivamente las dificultades con un colega. Los siete principios que ella presenta son: (1) Entiende que tu perspectiva no es la única posible. (2) Sé consciente y cuestiona cualquier prejuicio inconsciente que puedas tener. (3) Ve el conflicto, no como un «yo contra ellos», sino como un problema que debe resolverse en conjunto. (4) Medita en cuál es exactamente el resultado que estás buscando. (5) Sé muy juicioso al discutir el tema con otras personas. (6) Experimenta con cambios de comportamiento para descubrir qué será lo que habrá de mejorar la situación. (7) Asegúrate de mantener una sana curiosidad por saber las preferencias de la otra persona, y de esta manera poder trabajar juntos de forma eficaz. [98]

1. Tu perspectiva no es la única: Mayormente en nuestro tiempo, es algo irreal pensar que todas las personas del equipo pensarán como nosotros. Sí, es verdad, podemos todos tener la misma doctrina, hablar el mismo idioma, ser de la misma nacionalidad… podemos tener todos una cosmovisión cristiana; sin embargo, cada persona tiene su forma distinta de ver la vida, y aun con nuestros muchos puntos de coincidencia, habrá diferentes formas de pensar. Es sano que el equipo sea lo más homogéneo posible, y esto puede además ser deseable (esto se trató ya en el capítulo 8); no obstante, cada uno

---

[98] Amy Gallo, "How to Navigate Conflict with a Coworker", Harvard Business Review Magazine (septiembre-octubre, 2020). https://hbr.org/2022/09/how-to-navigate-conflict-with-a-coworker (accesado 6/5/2024).

tiene distinta formación y proviene de trasfondos distintos. Por tanto, es natural que existan distintos puntos de opinión e ideas encontradas.

Amy dice: «Cuando existen diferencias de opinión, la mayoría de nosotros cree que ve el asunto de manera objetiva y correcta, y que los demás están mal informados, son irracionales o están pensando sesgadamente. Los psicólogos sociales denominan esta tendencia como *realismo ingenuo*».[99]

Algo que nos ayudará a llegar a la verdad de cada asunto es alinearnos a este sencillo principio: no debemos asumir que algo es verdadero tan solo porque lo hemos visto así durante muchos años. Debemos más bien cuestionar nuestro propio razonamiento y revisarlo con detenimiento, cuestionarlo y tomar en cuenta los puntos de vista de los demás, a esto se le llama pensar críticamente. Es indispensable ser honestos y reconocer cuando algún concepto que tenemos no es correcto o no es tan bueno como el de otra persona, esto es sumamente importante para evitar conflictos entre nosotros y llegar a la verdad.

Es cierto que ninguno tiene el monopolio de la verdad; sin embargo, sí es posible que alguien esté más libre que otro (Juan 8:32) debido a que ha mantenido una mente más humilde; la ha entrenado para mantener un alto nivel de honestidad intelectual, y ha aprendido a reconocer las fuentes más elevadas de verdad.

No se trata de buscar la verdad en donde sabemos que no hay ni un ápice de ella, partiendo del teorema de que la mezcla de verdad con mentira es mentira.

Por último, y al continuar comentando lo que dice Amy, debemos dar la bienvenida a los puntos de vista distintos, porque esto enriquecerá nuestro pensamiento y ayudará al equipo a llegar a la mejor solución posible a todos los proyectos, e incluso generará nuevos. En todo esto, cuando estamos cerca del Señor, las nuevas ideas deben verse como la dirección del Espíritu Santo.

2. MANTENTE ATENTO A TUS PROPIOS PREJUICIOS: En este apartado Amy explica que un error que muchas veces cometemos es asumir cierto comportamiento en una persona, no como lo que obedece a una circunstancia, sino como parte fundamental de su personalidad.[100]

---

[99] Ibid.
[100] Ibid.

Por ejemplo, cuando alguien llega tarde solemos pensar que esta persona es así, que es irrespetuosa e irresponsable, sin tomar en cuenta que su retardo pudo haberse debido a cierta situación fuera de su alcance, por ejemplo, a un accidente de tráfico.

El problema crece cuando se activa un sistema cognitivo en donde la mente tiende a buscar pruebas para sus asunciones. Por tanto, si nuestra asunción es que una persona es mala, por ejemplo, nuestros sentidos estarán abiertos para encontrar pruebas de que esa persona es mala, y fijaremos nuestra mente en cualquier palabra o acción que confirme lo que estamos pensando de ella.

Existen muchas tendencias y prejuicios que pudiesen esculpir nuestro comportamiento y forma de pensar, a ellos debemos estar muy atentos. La gente asume que una persona, debido a su género, raza, etnicidad, nivel de educación, nacionalidad, edad, etc., pensará y actuará de cierta manera. Incluso, existen estudios que demuestran que solemos sentirnos más confortables y trabajamos mejor cuando estamos rodeados de personas que son más similares a nosotros. De todos estos prejuicios debemos estar conscientes para no caer en errores, y crear conflictos innecesarios.

Es natural que cada uno de nosotros piense que está libre de prejuicios de este tipo, pero recomiendo a todos a que tomen alguno de los exámenes provistos por varias universidades, los cuales están diseñados a evaluar nuestro nivel de sesgo debido a las cosas que acabo de mencionar. También es útil preguntar a personas de mucha confianza (las cuales serán totalmente honestas con nosotros) lo que piensan de nosotros en este respecto.

3. No juegues el juego de «yo contra ellos»: Ver a los demás como adversarios es una idea que nunca funciona. De hecho, los demás no lo son exactamente. La Biblia nos dice que no tenemos lucha contra sangre y carne (Efesios 6:12), por lo que nuestro verdadero adversario es satanás y el reino de las tinieblas. Nuestro verdadero adversario es la ira, el rencor, el celo, aquellas cosas que nos dividen. También pueden ser heridas del pasado, amarguras, resentimientos, etc. Cuando esto existe debemos de pensar que la meta es trabajar en conjunto para vencer a los verdaderos adversarios: aquellos que irrumpen nuestra paz y trastocan nuestra unidad.

Para ello es necesario orar que el Espíritu Santo disipe todo lo que estorba. El líder debe tener un buen manejo de la inteligencia emocional y mantener siempre la calma ante toda circunstancia.

4. Conoce bien la meta: A esto se le llama «ser objetivo». La meta no es solamente algún proyecto que se tiene en el ámbito del liderazgo sino consiste en el trabajo conjunto en sí. La meta es mantener la armonía, pero en un ambiente de respeto, de inteligencia y cordura; en un ambiente de libertad y cooperación.

No tiene ningún sentido sacrificar estas cosas por el bien de una paz aparente. Cuando una persona sufre injusticia (o piensa que la ha sufrido), podría mantenerse cayada, y habrá una paz aparente, pero tú, como líder, debes cerciorarte de que los demás están satisfechos, que entienden bien, que impera la razón y la Palabra de Dios; que todo lo que se dice y se acuerde está dentro de un marco de respeto y de gloria para todos. La aplicación de *la regla de oro* (Mateo 7:12) aquí es pertinente, así que debemos pugnar por la exaltación de los demás y siempre salvar su prestigio. Pero claro, las metas de Dios deben estar bien establecidas, y todos cooperar en el mismo sentido.

Amy Gallo continúa diciendo:

> Una vez que hayas decidido lo que quieres lograr, escríbelo en un pedazo de papel. Las investigaciones han demostrado que las personas que describen o imaginan vívidamente sus objetivos tienen de 1.2 a 1.4 veces más probabilidades de alcanzarlos, y que los objetivos que se anotan a mano aún más. Consulta sus objetivos antes de interactuar con su colega para mantener sus ojos en el objetivo. [101]

Una cosa son las metas personales, y otras las metas de la iglesia; pero en la medida en que se han logrado tener metas en conjunto y en unidad, en esa medida se partirá de una base firme.

Filipenses 4:2 dice: «Ruego a Evodia y a Síntique, que sean de un mismo sentir en el Señor». Este versículo denota que había conflicto entre Evodia y Síntique debido a que estas no se ponían de acuerdo en los objetivos: una tenía un sentir, y la otra otro. Sin embargo, el Apóstol les exhorta a que se pongan de acuerdo, que establezcan la misma meta.

5. Evita los chismes (sé juicioso) cuando hables con los demás: Otro de los puntos que nos arroja este análisis, el cual nos ayudará a evitar los conflictos

---

[101] Ibid.

con colegas, es que evites al máximo hablar negativamente de él o ella a sus espaldas.

Cuando las cosas no van bien en la relación con tu colega, la tendencia natural es a comentarlo con otra persona buscando una retroalimentación. A estos comentarios algunos le pueden llamar «desahogo», pero también puede llamársele chisme. La definición de chisme, según la Real Academia Española es: «Noticia verdadera o falsa, o comentario con que generalmente se pretende indisponer a unas personas con otras o se murmura de alguna».[102] Del chisme, la Biblia dice: «El que anda en chismes descubre el secreto; Mas el de espíritu fiel lo guarda todo» (Proverbios 11:13). Y también: «El hombre perverso levanta contienda, Y el chismoso aparta a los mejores amigos» (Proverbios 16:28).

Respecto a esto, Amy dice:

> Cuando una persona habla negativamente de otra, mayormente con el fin de indisponer a la otra respecto a la persona de la que se chismea, peca y con sus acciones crea contiendas y conflictos. La gente suele chismear porque esto «fomenta cierta sensación de conexión... y se proporciona una descarga de adrenalina y dopamina que le hace sentirse bien. [103]

El chisme tiene la particularidad de sesgar y manipular la información creando a partir de lo real *algo irreal*. Se forman también prejuicios de comportamiento y conceptos mal fundados sobre las personas. Por otro lado, hay ocasiones que las personas necesitamos hablar con otras para entender puntos de vista y establecer una perspectiva real, por ello es necesario hablar con personas juiciosas sobre esto, por ejemplo, con el pastor de la iglesia o con un superior en la organización, omitiendo el nombre de aquella persona con la que se tiene alguna diferencia. Existe definitivamente momentos en la vida que podemos ser objeto de algo que consideramos es una injusticia, y necesitamos que alguien más nos dé claridad de pensamiento. Afortunadamente, existen buenos cristianos cuyo interés estará siempre enfocado en la unidad y la armonía; estas son personas que fomentan la paz y son discretas.

---

[102] Real Academia Española: Diccionario de la lengua española, 23.ª ed., [versión 23.7 en línea]. <https://dle.rae.es> [6/5/2024].
[103] Amy Gallo, "How to Navigate Conflict with a Coworker".

6. Mantente curioso: Este es el último punto que Amy menciona en su artículo, y tiene que ver con mantener una esperanza de cambio. La tendencia humana es a adoptar una mentalidad pesimista pensando que las relaciones con una persona jamás mejorarán. Sin embargo, debes decidir, más bien, adoptar una mentalidad positiva y optimista, pensando que tu relación con esa persona cambiará para bien.

La actitud curiosa es un interés genuino en la otra persona para tratar de entender qué es lo que está padeciendo, qué es lo que le molesta, cuál es la razón de su comportamiento. En este punto, Amy dice: «Cuando te encuentres en una situación difícil con alguien, piensa en los casos en tu vida cuando tú y otra persona no se llevaron bien al principio, pero que fueron capaces de superarlo, y reflexiona sobre esas experiencias con curiosidad. ¿Cómo pudiste perseverar? ¿Qué te ayudó a lograr la resolución?». Dicho esto, es importante orar por las personas con las que tenemos conflictos y usar la más grande arma que tenemos en tales casos: el bien. La Biblia dice: «No seas vencido de lo malo, sino vence con el bien el mal» (Romanos 12:21).

IV. Estrategias para la resolución de conflictos

Respecto a este apartado final, me gustaría centrarme en las seis estrategas recomendadas por Pamela Reynolds,[104] aunque ya he hablado de varias otras estrategias en este capítulo.

A. Mantén la comunicación abierta y clara

Para la resolución de conflictos la comunicación es muy importante. No asumas nada ni presumas de conocer lo que la(s) otras personas están pensando, es necesario comunicarse con ellas. Invítalas a tomar un café en un lugar conveniente y dialogar de manera abierta, sincera e inteligente. Ante todo, lo más importante siempre es mantener los canales de comunicación siempre abiertos, y fomentar las buenas relaciones.

---

[104] Pamela Reynolds, "Preventing and Managing Team Conflict", University of Harvard, Professional & Executive Development, octubre 31, 2022. https://professional.dce.harvard.edu/blog/preventing-and-managing-team-conflict/ (accedido 6/5/2024).

B. Escucha a los demás

Habla con los protagonistas del conflicto. Sé empático con lo que tus colegas pueden estar sintiendo. Y mientras escuchas, pon atención a los puntos en común en cuanto a objetivos, intereses y estrategias, así como a desajustes que podrían ser útiles para la resolución del conflicto, algo que sirve a los intereses de todos. Trata de recordar bien estos detalles y anótalos en una oportunidad. Debes hacer un análisis concienzudo de lo que los demás realmente quieren expresar y no solamente lo que tú entiendes a partir de sus palabras. Haz preguntas, y parafrasea lo que ellos están diciendo para asegurar que has captado el mensaje.

C. Enfócate en el problema

Recuerda que tu meta es que exista una resolución satisfactoria. No se trata de ganar un debate sino de lograr la paz y avanzar conjuntamente. No veas a los individuos como el problema, sino al problema separado de los individuos. Cuando hay un conflicto (sean o no legítimas las razones de su existencia), reconoce que esto representa un problema; por tanto, sé paciente, y toma tiempo para entender cada dimensión de lo que está ocurriendo.

D. Identifica los puntos de acuerdo y desacuerdo

Cuando tengas comunicación con las personas que están envueltas en el conflicto,

considera cuáles podrían ser los intereses de los miembros del equipo, y donde existen puntos de alineamiento. A esto se le llama establecer una plataforma común. Haz preguntas respecto a cualquier cosa que no entiendas.

E. Desarrolla un plan

Trata de trazar un plan que ayude a la resolución del problema, establece directrices y prioriza acciones y metas. Tu plan debe ser algo que sea posible, sé realista y no establezcas cosas que están fuera de tu control y del alcance de los demás. Si es posible, desarrolla este plan en conjunto con el equipo; y si esto no fuese posible, ora a Dios y en oración, establece un plan que te ayude a solucionar el conflicto de manera definitiva. No siempre encontrarás el mejor plan de inmediato, por lo que debes ser paciente, pero cerciorarte de que tu plan realmente funcionará. Haz todos los ajustes que sean necesarios.

F. Actúa decisivamente y dale seguimiento

Una vez que has identificado una resolución potencial, no postergues la acción, ¡pon el plan en práctica de inmediato! Ningún plan es perfecto, pero Dios te dará el mejor plan que puedas poner en práctica. La resolución de conflictos es una de las tareas más demandantes y recurrentes del líder, por lo que considera esta tarea como parte del paquete de bendiciones que Dios te ha otorgado en tu ministerio de liderazgo. Así que, sigue con disciplina cada una de las partes del plan que se ha establecido.

Resumen del capítulo 10

1. Los conflictos suelen ser la causa principal de grandes presiones y de estrés, por lo que tener un conocimiento adecuado para manejarlos es sumamente importante. 2. Los conflictos requieren paciencia y mucha honestidad; mantener la calma en momentos de dificultad y ansiedad; estos demandan mucho tiempo y en ocasiones grandes cantidades de dinero; ahogan sueños, pero también los crea. 3. Se puede decir, en forma positiva, que los conflictos son deseables. Es deseable que se motive a las personas a expresar sus opiniones y se descarte cualquier indicio de autoritarismo. 4. Los conflictos son inevitables, incluso entre los mejores cristianos (se pueden ver ejemplos en las Escrituras). Jesús nos enseña la manera en que deben tratarse los conflictos: enfrentándolos. El Señor *no* aconseja minimizar las cosas o ignorarlas, sino enfrentarlas. 5. Aunque en ocasiones es conveniente hacer caso omiso de una ofensa, pasar por alto la ofensa no significa ignorarla, sino evitar el enojo y perdonar. 6. Existen en general dos tipos de conflictos: los conflictos saludables y los tóxicos o destructivos; los conflictos tóxicos son los que deben evitarse y prevenirse. 7. Una de las habilidades más importantes a considerar para la resolución de conflictos es la habilidad de comunicación. 8. Antes de dar a conocer tus emociones en un conflicto debes hacerte cuatro preguntas: a) ¿quién está tomando el control, soy yo o la emoción?, b) ¿qué es exactamente lo que estoy sintiendo?, c) ¿cuál es la función de esta emoción? Y d) ¿hasta qué

punto me sirve expresar mi emoción en esta situación. 9. La gente se siente bien al manifestar sus emociones, y cuando estas emociones son compartidas por un grupo, se magnifican. 10. Para resolver los conflictos en un grupo deberás: a) Establecer rituales, b) Redireccionar las emociones, c) Reevaluar (repensar o reinterpretar una situación que impacte la respuesta emocional posterior). 11. El líder debe controlar las reacciones corporales que tienen como raíz sus emociones: gestos, lenguaje corporal y tonalidad de la voz. 12. En lugar de ir por el camino del temor o de la hipocresía, el líder debe hablar con el colega que le ha ofendido tan pronto como sea posible. 13. Algunos piensan que con perdonar la ofensa cometida y evitar un conflicto es suficiente; sin embargo, la meta última no es esto, sino que ambos —el ofensor y el ofendido— vuelvan a trabajar conjuntamente. 14. No asumas nada ni presumas de conocer lo que la(s) otra(s) persona(s) están pensando, es necesario comunicarse con ellas. 15. Sé empático mientras escuchas a los demás, pon atención a los puntos en común. 16. Recuerda que la meta es que exista una resolución satisfactoria al conflicto, y no de ganar un debate. 17. Esfuérzate por conocer los intereses de la otra persona o del grupo. 18. Trata de desarrollar un plan para la resolución del problema. 18. Cuando establezcas el plan asegúrate de darle seguimiento.

Conclusión

Los conocimientos en el campo de la administración y del liderazgo son muy bastos; sin embargo, existen conceptos fundamentales que todo líder cristiano debería saber, y de ello trató este libro —tratando de dilucidarlos y explicarlos—, a fin de que usted, amado lector, no solo pudiese disfrutar de esta obra, sino que también fuese instruido en gran manera.

No obstante, esto es solo una introducción a tan fascinante campo de estudio, el cual hará muy bien en seguir explorando. Usted deseará saber en qué consiste el método japonés de los cinco porqués, por ejemplo (método que consiste en preguntar cinco veces *por qué* ante cualquier situación problemática dada), o de los catorce principios de administración de Deming, lo que significa actualmente el concepto de la Calidad Total, cómo es que se configura una matriz de decisión, lo que es el *locus* de control o el diagrama de Ishikawa, etc.

Algunos de estos conceptos están definidos en el glosario que hemos incluido en este libro de texto, pero otros usted mismo habrá de estudiarlos con atención. No obstante, para el líder cristiano ninguna de estas herramientas ni de los muchos conceptos explicados y ejemplificados en este libro será útil sino se llena del Espíritu Santo. El Espíritu de Dios es quien guía efectivamente al cristiano para el cumplimiento de la Gran Comisión y su intervención y liderazgo es sencillamente indispensable. ¡Gracias Espíritu Santo, por tu liderazgo con nosotros!

Bibliografía

Aguillón, Teófilo. *Teología práctica pastoral*. Miami, FL: Editorial Vida, 2001.

Ali Raza, Shaukat y Asma Sikandar. "Impact of leadership style of teacher on the performance of students: An application of Hersey and Blanchard Situational Model", *Bulletin of Educational and Research*, diciembre 2018, Vol. 40, No.3, p. 76. https://files.eric.ed.gov/fulltext/EJ1209826.pdf

Bennis, Warren. *The Leadership Advantage in Leader to Leader*. San Francisco, CA: Drucker Foundation and Jossey-Bass, Inc 1998.

Bonhoeffer, Dietric y Eliud A. Montoya (Tr.), *El curso de discipulado de Dietrich Bonhoeffer*. Frederick, OK: Palabra Pura, 2020.

Brady, Justin. "Don't be a hypocrite about failure", agosto 4, 2016, Career Coaching Harvard Business Review, https://hbr.org/2016/08/dont-be-a-hypocrite-about-failure

Carlson, N.K. "With so many leadership books, Why are there so many bad leaders", *Medium*, marzo 11, 2020. https://medium.com/swlh/with-so-many-leadership-books-why-are-there-so-many-bad-leaders-28651431cfb3

Carucci, Ron. "How to mentor someone who has manipulative tendencies", julio 21, 2020, Harvard Business Review. https://hbr.org/2020/07/how-to-mentor-someone-who-has-manipulative-tendencies

Chamorro-Premuzic, Tomas. "How to Strengthen Your Curiositiy Muscle", noviembre 02, 2023, Harvard Business Review. https://hbr.org/2019/02/making-learning-a-part-of-everyday-work

Chhaya, Nihar. "Setting career priorities when everything is uncertain", Enero 07, 2022. Harvard Business Review. https://hbr.org/2022/01/setting-career-priorities-when-everything-is-uncertain

Chou, Eileen Y. "Why we're drawn to leaders who emphasize the negative", Harvard Business Review, Enero 03, 2019. https://hbr.org/2019/01/why-were-drawn-to-leaders-who-emphasize-the-negative

Coleman, John. "The Best Strategic Leaders Balance Agility and Consistency". Harvard Business Review, enero 04, 2017 https://hbr.org/2017/01/the-best-strategic-leaders-balance-agility-and-consistency

Collins-Nakai, Ruth. "Leadership in medicine". *Mcgill J Med*. 2006 Jan;9(1):68-73 https://www.ncbi.nlm.nih.gov/pmc/articles/PMC2687901/

Davey, Liane. "The Conflict Resolution Skills Ever Project Manager Needs", Harvard Business Review, octubre 20, 2023. https://hbr.org/2023/10/the-conflict-resolution-skills-every-project-manager-needs

David, Susan. "Should You Share Your Feeling During a Work Conflict?", Harvard Busines Review, diciembre 06, 2017. https://hbr.org/2017/12/should-you-share-your-feelings-during-a-work-fight

Druker, Peter. "Managing Onself", Harvard Business Review, enero 2005. https://hbr.org/2005/01/managing-oneself?autocomplete=true

Duewel, Wesley L. *Ardiendo Para Dios*. Medley, FL: Editorial Unilit, 1995.

Early Christopher y Elaine Mosakowski, "Cultural Intelligence", *Harvard Business Review*, octubre 2004. https://hbr.org/2004/10/cultural-intelligence

Feddes, David. "Reading: Christianity's Economic Impact", Christian Leaders Institute. https://study.christianleaders.org/mod/page/view.php?id=55194&lang=zh_cn

Gallo, Amy. "How to Control Your Emotions During a Difficult Conversation", *Harvard Business Review*, diciembre 01, 2017 https://hbr.org/2017/12/how-to-control-your-emotions-during-a-difficult-conversation?autocomplete=true

Gallo, Amy. "How to Navigate Conflict with a Coworker", Harvard Business Review Magazine (septiembre-octubre, 2020). https://hbr.org/2022/09/how-to-navigate-conflict-with-a-coworker

Gavin, Matt. "3 common leadership styles & how to identify yours", *Harvad Business School Online*, octubre 22, 2019. https://online.hbs.edu/blog/post/styles-of-leadership

Goldenberg, Amit "Managing Your Team's Emotional Dynamic", Harvard Business Review, enero 10, 2023. https://hbr.org/2023/01/managing-your-teams-emotional-dynamic

González, Francisco. "Autoridad y liderazgo", octubre 27,2022, IPADE NewsMedia https://www.ipade.mx/2022/10/27/autoridad-y-liderazgo/#:~:text=El%20liderazgo%20es%20una%20necesidad,Un%20l%C3%ADder%20debe%20tener%20autoridad

Govingarajan, Vijay y Srikanth Srinivas, "be Selfish. Be Very Selfish", mayo 13, 2013, Harvard Business Review. https://hbr.org/2013/05/be-selfish-be-very-selfish

Hagel III, John. "Good leadership is about asking good questions", enero 08, 2021, Harvard Business Review. https://hbr.org/2021/01/good-leadership-is-about-asking-good-questions

Hans Finzel, *Los líderes: Sus 10 errores más comunes*. Puebla, Mexico: Ediciones Las Américas, 2004.

Heifetz, Ronald & Marty Linsky, "A Survival Guide for Leaders», junio, 2002, Harvard Business Review. https://hbr.org/2002/06/a-survival-guide-for-leaders

Henry, Matthew. *An exposition of the Old and New Testament Vol. 5*. Philadelphia: Ed. Barrington & Geo. D. Haswell, 1828.

Heskett, Jim. "Why isn't 'servant leadership' more prevalent?", *Business Research for Business Leaders, Harvard Business School*, mayo 1, 2013. https://hbswk.hbs.edu/item/why-isnt-servant-leadership-more-prevalent

Hougaard, Rasmus. Jacqueline Carter, and Louise Chester, "Power can corrupt leaders. Compassion can save them", febrero 15, 2018. Harvard Business Review. https://hbr.org/2018/02/power-can-corrupt-leaders-compassion-can-save-them

Jamieson, Robert, Andrew Robert Fausset, y David Brown, *A commentary, critical and explanatory, on the Old and New Testament Vol. 60*. Hartford, CT: S.S. Scranton & Co.; Hillsdale, MI: J.B. Names.

Katzenbach, Jon R. y Douglas K. Smith, "The discipline of teams", julio-agosto, 2005, Harvard Business Review. https://hbr.org/2005/07/the-discipline-of-teams.

Kellerman, Barbara. "What every leader needs to know about followers", *Harvard Business Review*, December 2007. https://hbr.org/2007/12/what-every-leader-needs-to-know-about-followers

Kets de Vries, Manfred F.R. "Leaders who can't forgive", diciembre 04, 2013, Harvard Business Review. https://hbr.org/2013/12/leaders-who-cant-forgive

King, Daniel D. y Megan R. McSpedon, "What leaders get wrong about resilience". *Harvard Business Review*, Junio 17, 2022. https://hbr.org/2022/06/what-leaders-get-wrong-about-resilience

Kotter, John P. "The right mindset for buy-in", octubre 21, 2010, Harvard Business Review. https://hbr.org/2010/10/the-right-mindset-for-buy-in

Landry, Lauren. "Why emotional intelligence is important in leadership", *Harvard Business School Online*, abril 03, 2019. https://online.hbs.edu/blog/post/emotional-intelligence-in-leadership

Lytle, Tamara. "How to resolve workplace conflicts", *SHRM* Julio 13, 2015. https://www.shrm.org/hr-today/news/hr-magazine/Pages/070815-conflict-management.aspx

Maxwell, John. *Developing the Leader Around you*. Nashville, TN: Thomas Nelson, 1995

Maxwell, John. *The 21 irrefutable laws of leadership: Follow them and people will follow you*. Nashville: Thomas Nelson, 1998.

McKissen, J.C. "Why being a leader can mean going it alone: Sometimes leadership can be a very lonely walk", *Inc.com*, Oct. 25, 2016. https://www.inc.com/dustin-mckissen/what-do-you-call-a-leader-without-followers-you-call-them-a-leader.html

Menkes, Justin. "Narcissim: The Differencia Between High Achievers and Leaders". Harvard Business Review, julio 4, 2012. https://hbr.org/2012/07/narcissism-the-difference-betw

Meyer, Joyce. Hágalo con miedo: Ármese de valor frente al temor. Nashville, TN: FaithWords, 2020.

Montoya, Eliud A. *Las 16 doctrinas fundamentales explicadas*. Frederick, OK: Editorial Palabra Pura, 2017.

Murray, Andrew y Eliud A. Montoya (Tr.), *La humildad: versión completa actualizada con anotaciones explicativas*. Frederick, OK: Palabra Pura, 2021.

Nouwen, Henri J.M. *In the Name of Jesus*. New York: Crossroad, 1999.

O' Connell Killen, Patricia y John de Beer, *The Art of Theological Reflection*. New York: Crossroad, 1995.

Olekalns, Mara y Jessica A. Kennedy, "How Couples Can Find Balance While Working from Home", Harvard Business Review, diciembre 14, 2020. https://hbr.org/2020/12/how-couples-can-find-balance-while-working-from-home

Overfelt, Maggie. "Homogeneity at the Top", Stanford Graduate School of Business, enero 19, 2021. https://www.gsb.stanford.edu/insights/homogeneity-top

Ramon Sopena, S.A. *Aristo: Diccionario ilustrado de la lengua española*. Barcelona: Ramón Sopena, 1973.

Reynolds, Pamela. "Preventing and Managing Team Conflict", University of Harvard, Professional & Executive Development, octubre 31, 2022. https://professional.dce.harvard.edu/blog/preventing-and-managing-team-conflict/

Rock, David. "Praise Leads to Cheating?", *Harvard Business Review*, noviembre 10, 2011 https://hbr.org/2011/11/praise-leads-to-cheating

Rosario, Jason. "How Vulnerability Can Be a Leadership Superpower". Harvard Business Review, mayo 4, 2020 (podcast). https://hbr.org/podcast/2020/05/how-vulnerability-can-be-a-leadership-superpower

Sanders, J. Oswald. *Liderazgo Espiritual.* Grand Rapids, MI: Editorial Portavoz, 1995.

Satell, Greg. "To create change, Leadership is more important than authority", abril 24, 2014, Harvard Business Review, https://hbr.org/2014/04/to-create-change-leadership-is-more-important-than-authority

Vught, M. Van; S.F. Jepson, C.M. Hart, D. De Cremer. "Autocratic leadership in social dilemmas: a threat to group stability", Journal of Experimental Social Psychology, Vol. 40, fascículo 1, enero, 2004.

Wagner, Peter. *Guiando su iglesia al crecimiento: El secreto de la colaboración del pastor y su gente en el crecimiento dinámico de la iglesia.* Miami, FL: Unilit, 1997.

Warren, Rick. *The Purpuse-Driven.* Grand Rapids, MI: Zondervan, 2013.

Wilding, Melody "Overcoming Your Fear of Giving Tough Feedback", *Harvard Business Review*, julio 26, 2023. https://hbr.org/2023/07/overcoming-your-fear-of-giving-tough-feedback

Wilding, Melody. "When —and How— to Keep a Poker Face at Work", *Harvard Business Review*, marzo 06, 2023. https://hbr.org/2023/03/when-and-how-to-keep-a-poker-face-at-work

Wood Brooks, Alison and Leslie K. John, "The Surprising Power of Questions", *Harvard Busines Review*, Mayo-Junio, 2018, https://hbr.org/2018/05/the-surprising-power-of-questions

Youssef, Michael. *Liderazgo al Estilo de Jesús*. Barcelona: Editorial Clie, 2008.

Zondervan. Brújula para el ministro evangélico. Gran Rapid, MI: Zondervan, 1979.

Zenger, Jack y Joseph Folkman, "Why Do so Many Managers Avoid Giving Praise?", *Harvard Business Review*, mayo 02, 2017 https://hbr.org/2017/05/why-do-so-many-managers-avoid-giving-praise

Glosario*

*[No todos los términos incluidos en este glosario están incluidos en este libro de texto].

abogado del diablo: proporciona una visión alternativa, o un desafío a la lógica de un individuo en una decision.

actividad neurológica espejo: se refiere a la activación de ciertas neuronas que realizan una acción basándose en lo que ven realizar a otra; es decir, trabajan tomando en cuenta la empatía, y aprenden por imitación y comprensión de las acciones de otros.

administración por excepción: concepto de gestión que se centra en aquellas acciones o eventos que se desvían de los estándares aceptables. Si el personal se comporta como se espera, no se toman medidas. Los directivos intervienen sólo cuando los empleados no cumplen los requisitos de desempeño.

administración por objetivos: proceso de gestión en el que trabajadores y supervisores establecen conjuntamente objetivos y se reúnen ocasionalmente para evaluar el progreso y los niveles de logro.

amígdala: estructura en el cerebro, parte del sistema límbico, crucial en el procesamiento de las emociones, especialmente de las respuestas de miedo y agresión. La amígdala juega un papel importante en la formación y almacenamiento de memorias emocionales.

benchmarking: El proceso de medir los productos, servicios, costos, procedimientos, etc. de la organización frente a competidores u otras organizaciones que muestran un registro «mejor de su clase».

carácter: la suma total de los rasgos de personalidad de una persona y el vínculo entre sus valores y su comportamiento.

carisma: rasgos y habilidades (el habla articulada, el estilo, la confianza en sí mismo y las convicciones fuertes, etc.) en un individuo, el cual promueven una visión que conecta fuertemente con los seguidores.

cognitivismo: es una teoría psicológica que se centra en el estudio de los procesos mentales, como el pensamiento, la memoria, el aprendizaje y la percepción, enfatizando cómo las personas comprenden, procesan y almacenan información.

comité: un grupo de personas, a menudo nombradas, que son asignadas para reunirse con un propósito designado.

competencia: la competencia se basa en el comportamiento y describe las características y personalidad del individuo. Las competencias también se pueden aprender, pero debido a su naturaleza basada en el comportamiento, no es posible simplemente enseñarlas o medirlas.

conflicto de intereses: es una situación en la que una persona u organización tiene múltiples intereses, y servir a uno de ellos puede perjudicar o influir negativamente en el cumplimiento de otro.

consejo de administración: grupo de personas, generalmente elegidas por los accionistas de una corporación, que son responsables de nombrar a los directores ejecutivos y supervisar su desempeño.

cultura corporativa: se centra en los valores de una organización y se relaciona con sus características socioambientales.

curva de aprendizaje: curva que refleja la tasa de mejora en la realización de una nueva tarea como aprendiz practica y utiliza sus nuevas habilidades adquiridas.

decision-making: la acción de pensar a través de un proceso y llegar a un consenso, ya sea personal o de colaboración, y seguir adelante con esa acción.

director ejecutivo [CEO (chief executive officer)]: el más alto ejecutivo de una organización, normalmente nombrado por el consejo de administración, que tiene la responsabilidad final de lograr los objetivos corporativos de la empresa.

equipos virtuales: grupos multifuncionales orientados a la informática, en lugar de cara a cara.

ethos: el espíritu (*esprit d'cuerpo*), la naturaleza moral, o las creencias guiadoras de una comunidad o individuo.

filantropía: ayudar o donar dinero para promover el bienestar de los menos afortunados.

inteligencia artificial: campo de la informática dedicado a crear sistemas capaces de realizar tareas que requieren inteligencia humana, tales como reconocimiento de voz, toma de decisiones, traducción de idiomas, etc. Utiliza algoritmos, redes neuronales y aprendizaje automático para mejorar su desempeño.

inteligencia cultural: una competencia que permite a los individuos de culturas funcionar eficazmente en otros entornos culturales.

inteligencia emocional: es la capacidad de una persona para reconocer, comprender, gestionar y utilizar de manera efectiva sus propias emociones, así como las emociones de los demás. Incluye el desarrollo de la autoconciencia, la autogestión, la conciencia social y la gestión de relaciones.

intraemprededor: es uno que trabaja investigando, descubriendo y promoviendo nuevas oportunidades de negocio para el beneficio de toda la compañía.

know how: conocimiento práctico o habilidades específicas necesarias para realizar una tarea o llevar a cabo un proceso. Es el entendimiento y la experiencia acumulada que permiten ejecutar actividades con competencia.

lenguaje corporal: conjunto de señales no verbales expresadas mediante el cuerpo: gestos, posturas, expresiones faciales y movimientos. El lenguaje corporal puede comunicar emociones, actitudes e intenciones sin utilizar palabras.

libre albedrío: capacidad de los individuos para tomar decisiones y actuar de manera independiente, sin estar completamente determinados por factores externos o internos. Es un concepto central en la filosofía, la ética y la psicología.

liderazgo transaccional: liderazgo que cambia estilos, ajusta tareas y asigna recompensas para lograr una influencia positiva.

liderazgo transformacional: liderazgo que eleva las aspiraciones y lleva a las personas y organizaciones a nuevos niveles.

lluvia de ideas (*brainstorm*): técnica grupal utilizada para generar una gran cantidad de ideas o soluciones creativas para un problema específico. Durante una sesión de lluvia de ideas, los participantes aportan ideas de manera libre y espontánea sin juicio inmediato.

locus **de control:** es un concepto psicológico que se refiere a la percepción de una persona sobre las causas de los eventos en su vida, distinguiendo entre un Locus de Control interno (creencia de que uno tiene control sobre su destino) y un Locus de Control externo (creencia de que factores externos, como el azar o el destino, determinan los resultados)

los cinco porqués: una práctica japonesa de preguntar "por qué" cinco veces cuando se enfrenta a un problema. En el momento en que se responde al quinto por qué, ellos creen que han encontrado la causa última del problema.

manipulación: control o influencia sobre una persona o situación de manera astuta —también a menudo deshonesta o engañosa— para obtener un beneficio personal. La manipulación puede involucrar técnicas de persuasión, coerción y distorsión de la verdad.

matriz de decisión: matriz utilizada por los equipos para evaluar posibles soluciones a problemas. Cada solución está listada. Los criterios se seleccionan y enumeran en la fila superior para evaluar las posibles soluciones. Cada solución posible se califica en una escala numérica para cada criterio y la calificación se registra en la cuadrícula correspondiente. Las puntuaciones de todos los criterios para cada solución posible se suman para determinar la puntuación de cada solución. Las puntuaciones se utilizan entonces para ayudar a decidir qué solución merece la mayor atención.

mentor: persona con experiencia y conocimiento en un campo particular que guía, aconseja y apoya a otra persona menos experimentada. El mentor ayuda a su protegido a desarrollar habilidades y alcanzar sus objetivos profesionales y personales.

milla extra: Hacer más de lo que se espera o requiere, demostrando un esfuerzo adicional para alcanzar un objetivo o superar las expectativas. Esta actitud es valorada en contextos laborales y personales por su contribución al éxito y la satisfacción. Está basada en las palabras de Jesús de Mateo 5:41.

misión: La misión de una compañía es una declaración breve que describe su propósito fundamental, su razón de ser, y los objetivos que busca alcanzar para satisfacer las necesidades de sus clientes y otras partes interesadas.

nepotismo: trato preferencial de los familiares en su nombramiento para puestos importantes dentro de un departamento u organización, independientemente de su talento o competencia.

obligación moral: compromiso de honrar un valor o principio porque es simplemente lo correcto y no por mandato legal.

organizaciones planas: estructuras organizativas con pocos o ningún nivel jerárquico intermedio entre la alta dirección y los empleados de base. Promueven la comunicación directa, la toma de decisiones rápida y la flexibilidad.

paradigma: Conjunto de prácticas, conceptos y valores compartidos que definen un enfoque o perspectiva en una disciplina o área del conocimiento. Los paradigmas pueden cambiar con el tiempo a medida que surgen nuevas teorías y descubrimientos.

patrones mentales: formas recurrentes de pensar, percibir y reaccionar ante el mundo que se desarrollan a lo largo del tiempo. Estos patrones influyen en la forma en que interpretamos la realidad y tomamos decisiones.

plan de contingencia: una estrategia o plan alternativo preparado para contrarrestar una situación inesperada pero posible

poder coercitivo: es la capacidad de una persona o entidad para influir en el comportamiento de otros mediante el uso de amenazas, castigos o sanciones.

preguntas espejo: son preguntas que promueven la auto-reflexión. Se utilizan en *coaching* y ciertas terapias para ayudar a las personas a explorar sus propios pensamientos y sentimientos de manera más profunda.

presidente de la junta (chairman of the board): se considera el oficial de mayor rango en una corporación. El presidente es quien preside las reuniones del consejo de administración.

regla de oro: Principio ético que aconseja tratar a los demás como uno quisiera ser tratado. Este concepto está basado en las palabras de Jesús de Mateo 7:12.

sistema cognitivo: conjunto de procesos mentales involucrados en el conocimiento, como la percepción, el pensamiento, la memoria, el aprendizaje y la toma de decisiones. El estudio de los sistemas cognitivos abarca la psicología, la neurociencia y la inteligencia artificial.

sostenibilidad: la capacidad de satisfacer las necesidades del presente sin comprometer la capacidad de las futuras generaciones para satisfacer sus propias necesidades, manteniendo el equilibrio entre el desarrollo económico, social y ambiental.

Teoría X: Teoría desarrollada por Douglas McGregor según la cual los directivos creen que los subordinados no les gusta el trabajo, carecen de ambición, no asumen responsabilidades y prefieren ser liderados.

Teoría Y: teoría desarrollada por Douglas McGregor según la cual los gerentes creen que los subordinados están dispuestos a trabajar, aceptan responsabilidades, y son capaces de autocontrol y autodirección.

ThinkTank: una organización que se dedica al estudio y evaluación intensiva de proyectos o problemas con la intención de ofrecer asesoramiento a los demás.

utilitarismo: un concepto ético de que las personas deben actuar y tomar decisiones que reflejen el bien mayor para el mayor número de personas.

equipos virtuales: cross-functional groups that are computer-orientated, rather than face-to-face

webinar: una presentación educativa en línea que normalmente se realiza en directo en Internet, durante la cual los espectadores participantes pueden enviar preguntas y comentarios.

Index

500 fortune 61

A

Absalón 44-57,134,157
acantilado visual 156
accesibles, líderes 20
actitud mental 52
actividad neurológica
  espejo 50,177
administración 30,143
administración de
  emociones 21
adoración 63
adversario 161
aflicciones de Cristo 98
Alemania 97
alta dirección 110,180
amar a los enemigos 63
amargura 47,58,161
ambiente honesto 147
ambiente positivo 97
ambiente de trabajo 137
amenazas o peligros 153
amígdala 33,177
ancianos de la
  iglesia 118
ansiedad 63,71,83
Antioco, John 79
Antioquía de Pisidia 101
Aquis 66
armonía 93,95,147
arrepentimiento 50,122
arrogancia 51,81,130
arrogancia, síndrome
  de la 50
artes 2
asesor (ver, consejero)
artimañas 11, 44
autoconfianza 84

autoexamen 127
autocomplacencia 79
autodirigible 127,133,
  138, 139.
autoestima 47, 58
automatización 74
autonomía 52
autoridad 6,11,22,41,
  49,76,77,90
autoridad informal 77
autoritarismo 147, 166
autoritativo, estilo 54,59

B

balance 25,30,70,71
beneficio espiritual 103
beneficio personal 40,
  56,180
Benniss, Warren 6
Bernabé 101,123,148
Blanchard, Kenneth 16
Blockbuster 79
Boehner, John 9
Bonhoeffer, Dietrich
  119,171
Bounds, E. M. 67
Brady, Justin 51
Brooks, Alison Wood
  176
Brown, David 119,173
buen oyente 151
buena vida 96,
  101,107,108

C

cambios 75,142
cambios admón. de los
  30,42

candidatos
  presidenciales *45*
caos e inestabilidad
  31,60
carácter 40,
  77,99,100,120
carácter dominante 15,27
características del
  liderazgo 4,16,30,45
carisma [carismático] 7,
  18,28,45
Carter, Rosalyn 5
Cerebro 33,48.177
Chhaya, Nihar 61
chisme 22,162,163
Chou, Eileen Y.45,58
Churchill, Wilson 132,
  146
Ciencias 2
Circunstancias 16,94,
  99,100,114
clásico, liderazgo 14
codicia 26,86
colegas, conflictos con
  157,162
Coleman, John 30
Collins-Nakai, Ruth 6,7
compasión 50,117,152
competencias 17,66
comportamientos
  peculiares 124
comunicación 8,15,22,
  37,41,132,137,141,151,
  164,165
comunicación, habilidad
  de 151,166
comunión con Dios 73,
  115
conciencia de ti mismo
  21,22,23,24
conciencia social 21

condición social 112
confesar 85
confianza (liderazgo situacional) 18
conflictos 22,47,146
conflictos familiares 149
conformismo 11,13
consejero 134-139
consistencia 30,31
contienda 31,163
control de la conducta 55,59
control de las emociones, 31
cosmovisión 159
costo/beneficio 1
COVID-19→ 149
Creatividad 150,151,155
crecimiento (de los demás) 23,38
Cristo como cabeza 5
crítica, retroalimentación 38
criticar 38,55
cualidades 2,11,26,40 44,51
cuerpo de Cristo 5,8,100 125
Culpa 21,38,47,55,56,122
culpabilidad del hombre 122
cultura, la 2,32,35, 95,102,124
curiosidad 75,159,164

D

Dartmouth College's Tuck School of Business 56
De beer, John 87
debilidades 21,24,86,111
decepción 152
decisión clave 128,144
decision-maker 134,135, 137,138,139
decisiones grupales 54

delegar 2,3,52,53
delegativo (liderazgo situacional) 17
democrático, estilo de liderazgo 15,16,19
depresión 155
desafíos 11,24,25,142
desarrollo de carrera 61
desarrollo de equipos 109,125
desarrollo de máximo potencial 5,6,70, 127,128,140,142
destrezas 124
detractores, líderes 45
devoción 3,66
diablo 46,78,83,84,87 93,114,117,120,121,177
dilemas éticos 7
diligencia en el liderazgo 8,40
diligencia y prontitud 184
dinamismo 32,41
directrices 23,68,91,92, 94,96,98,165
disciplina personal 53,59
discipulado 121
discípulos de Jesús 148
diversidad 109,150
diversidad de culturas 124
don del Espíritu Santo 6
dones y talentos 130
Druker, Peter 128,129, 132,133,135,137,139
Duewel, Wesley L. 67

E

Edén, jardín del 105
eficiencia 1
ejercicio de autoridad 6
emocional, disciplina 53
emociones calientes 153
emociones frías 153

emociones, control de 31
empatía, empático 20, 22,113,131,143,165,177
encarnación (de Jesús) 110,111
encuesta 45,58
energizar a otros 2
enfoque utópico 26
engañar 36,46,58
entrenamiento 7,12,52, 53,57,146
entrenamiento del Señor 10
entusiasta 41
envidia 152
equipamiento 124
equipos de trabajo 109
escudriñar la Palabra 92,107
espejo, preguntas de 36
espíritu de servicio 102
espíritu perdonador 118
Espíritu Santo, llenura del 124
espiritual, disciplina 53
estabilidad familiar 113
establecimiento de líderes 123
estándares de calidad 31,42
estatura de liderazgo 146
estereotipar 142
estilo de vida 72,115
estilo, hombre de gran 47
estilos de liderazgo 14, 16-20
estímulo del aprendizaje 35
estrategia psicológica 152
estrategias 11,30,55,68, 88,129,140,154,157,164
estrés 20,21,23,24,32,33, 71,135,146,154
ética 55,57

etiquetar las emociones
evitar conflictos 22,37, 159,160,162
excelencia 2,6,46,114, 129
experiencia comunitaria 85
experiencia ecuménica 83
experiencia personal 47,66,68,74,85,87,94,146 151,164
expresar puntos de vista 150,151,160,163
expresiones faciales 32, 42,179
extraño 48,81

F

Faltas 41,85
familia 6,34,38,69,70,71, 97,113,116,149,155,180
Fausset, A.R. 119,120
Felicidad 64,65,82, 97,114
felicidad en el trabajo 74
Feddes, David 113
fidelidad (cualidad de fiel) 14
fijación de metas 8,11,53
filosofía de vida 96,108
finanzas 31,53,59
física, disciplina 53,59
flexibilidad (liderazgo situacional) 18
forjar líderes 70
forjar relaciones 47,58
formas de aprender 144
foro seguro y constructivo 147
fortalezas 21,24, 127-131,137,139,140
Fortune 100 →110,125
Fracaso 5,47,51,64,76, 129,141

frustraciones 129,144, 149
fruto del espíritu 57,98
fuerzas externas 7
fuerzas internas 7
función de liderazgo 6,60,147
funciones 5,6,20,24, 125,146
funciones de liderazgo 24

G

Gallo, Amy 33,159,162
Gandhi, Mahatma 10,48
Generosidad 116,117
gestión de talento 9
gestos 34,111,124, 156,179
gloria de Dios 4,8,85
gloria, dar (ver reconocimiento)
Goliat 103
González, Francisco 76
gozo 41,64,82,98,116
gran comisión 100, 121
gratitud a Dios 64,72

H

habilidad especial 8
habilidad humana 44
habilidad para entrenar (liderazgo situacional) 18
habilidades de comunicación 132,137
habilidades individuales 2
hablar negativamente 163
Harvard Business Review 9,30,47,55, 61,81,147

Harvard, Universidad de 3,20,154
Henry, Matthew 116
Herejía 69
heridas del pasado 161
Hersey, Paul 16-19
heterogéneos, heterogeneidad 110,125
Hickman, Steven 26
hipocresía 31,37,51, 52,158
holístico 56
homogéneo 110,112,159
honestidad 31,160,166
humildad 11,22,25,26,34, 50,81,82,103,104

I

identidad personal 136
iglesia, liderazgo en la 8,12,38,67,123,124,125, 155,159
ignorar las ofensas 148, 149
iluminación 92
impactar generaciones 113
impacto positivo 62,72
impotencia 55,56
inc.500 →10
inc. 5000 →10
inc.com 9
incertidumbre 95,108, 156
inclusión social 109
incluyente 16,28
incompetencia 129,144
indolencia 105
infelicidad 47
influencers 104
influencia 9,21,46,55, 76,101,103,104,137,155, 156,179

influencia, capacidades de 22
informativo (liderazgo situacional) 17
inspiración 98
integridad 44,106
integridad y ética 55,57
inteligencia artificial 74, 95,178,181
inteligencia cultural 124, 179
inteligencia emocional 20,21,22,35,53,131,151,157,161,179
intercambio de ideas 35,42
inversión 62,154
inversión de tiempo 88, 96,108
Israel, pueblo de 44,64,70,133,137

J

Jamieson, Robert 119, 120
John, Leslie K. 35
Johnson, Dewey 16
Josué 68,70,133
Justicia 40,44,49,51, 63,64,65,79,152,153,158

K

Katzenbach, J. R. 53,54
Kaufman, Jonathan 128
Kellerman, Barbara 9
Kets, Manfred F. R. 48
know how 74
Kodak 81

L

L' arche 82
Le Genti, Hortense 112
Legado 11,103

lenguaje corporal 32,34 156,179
lenguaje escrito 132
ley de la influencia 9
liberar endemoniados 117,123
libre albedrío 144,179
líder negativo 44,55,57
liderazgo espiritual 68 74,75,76
líderes altamente productivos 137
líderes autónomos 133
líderes héroes 112
líderes natos 7
Lincoln, Abraham 40,53, 128
Lives of Man, The 111
lluvia de ideas 94,95,179
logos 88
lucha en solitario 10
Lutero, Martín 68
Luther King Jr., Martin 10

M

Mcgill Journal of Medicine 6
mandamiento de Dios 48
manejo de cultura emocional 2
manejo de las emociones 151,152
manipulación 55,56,180
mansedumbre 98,104
mantener la calma, técnicas para 32
mar Rojo 64
Margolis, Joshua 20
máximo potencial 5,6,70, 127,128,140,142
Maxwell, John 9,29,52, 74,77,103
Mayo, Anthony 20
Mckissen, J. C. 9

medida de fe 5
Menkes, Justin 47
mentalidad pesimista 143,164
mentalidad positiva/de fe 95,107,164
mentor 66,129,180
Merckle, Adolfo 97
metas 5,8,15,16,23,25,31 32,52,77,91,105,127,133, 142,151,155,162,165
método de análisis retrospectivo 129,130
método de trabajo 139
Meyer, Joyce 114
milla extra 41,43,180
ministerio 25,65,67,68,69 84,85,87,89,100,112,125
modales, buenos 33,34,131
modales, cuidado de los 33
modales, malos 131
moralidad 136,137
motivación 25,29,53
motivador (es) 124,141

N

Narcisismo 47
Netflix 79
Notre Dame 83
Nouwen, Henri J. M. 82-87
nueva tecnología 96
nuevos líderes, desarrollo de 5,124

O

O' Connell Killen, Patricia 87
objetividad (ser objetivo) 162
objetivos claros 11,13
obtener información 36,43

preguntas para 36
ofensa 35,118,119,120
 149,150,158,159
Optimista 41,146,164
Oración 8,31,33,37,63,
 66,67,68,69,76,78,83,87,
 94,104,106,115,118,129,
 130,150,159,165
organizaciones planas
 180

P

Pablo 5,7,8,31,36,37,55,
 56,70,76,79,80,88,89,92,
 93,98,101,103,104,113,1
 23,125,148,154
pandemia 148
paradigmas 150,180
participativo (liderazgo
 situacional) 17
pastorado 15,134
patrones mentales 137,
 181
pecador penitente 122
peligros del liderazgo 75
pensamiento innovador
 96
pensar
 estratégicamente 2
perdón de pecados 121
perdonar 48,49,85,118,
 119,149,150,158
Pereza 69,79
pereza espiritual 79
perseverancia 33,63,
 71,164
personalidad 14,19,45,
 127,131,132,139,160,177
 178
perspectiva 21,22,24,60,
 146,148,152,159,163,180
Perspicacia 17,28,75
persuasión 55,180
persuasivo (liderazgo
 situacional) 17

plan de Dios 5,30,62,
 99,114
planeación 1
plantación de iglesias
 125
planteamientos 96,97
plataforma común
 153,165
pobreza material 112
poder persuasivo 46
Potential Project 50
pragmatismo 1
predicar 101,121,122
preguntas correctas
 94,95,96,98,101,107,141
 pertinentes 34
prejuicios 160,161,163
presidir 10
 con influencia 10
 con solicitud 7
presión política 134
presiones, manejo de
 109,134,135,146
prestigio personal 29
primera mujer, la 46
principio psicológico 45
prioridades críticas 62,
 72
 del liderazgo cristiano
 60
prioridades,
 establecimiento de
 60,61,62,63,64
 tipos de 62,72
proceso de aprendizaje
 69,74,75
productividad 40,140
proistámenos, gr. 7
promesa de Dios 33,
 101,103
prontitud en liderazgo 8
propósito de Dios 99
prosperidad 46,79,80
 81,113
protagonista 10,165
protección 45,106

provisión 105
proyectos en conjunto,
 desarrollo de 2,53,100,
 161,162,165
pruebas del siervo de
 Dios 10
psicología 46,142,156,
 179,181

R

racionalidad 93
rapport 32
razón humana 93,107
reconocimiento 21,47,77
 122,179
 de errores y faltas 122
recursos 14,22,24,46,52
 61,62,81,96,116,131,147
redirección de
 emociones 155
reevaluar 60,66,156
regla de oro 153,162,181
reinterpretar 155,167
relaciones
 interpersonales 57,131
 manejo adecuado de
 las 21
relevancia 83
rendir cuentas 40,57,133
repensar 61,155,167
reprensión 148,158
represalias 49,158
reprobado 88-90
resentimientos 48,58,161
resiliencia 2,22,23
resolución de conflictos
 22,147,151,157,164,166
resolución de
 problemas 18
 (liderazgo situacional)
resolución en conjunto
 159
respeto 33,34,148,
 152,155,162

responsabilidad 11,17
39,47,52,58,65,76,100,10
6,135,141,178,181
resurrección 101
retroalimentación 3,15
24,36-41,128,163
rhema 88
riesgos involucrados
147
rituales 154,155
Romanos 12:6→5
Romanos 12:8→7

S

sabiduría 6,41,87,93,
127,134,135,146
salud física 58,61,64,71
sana dirección 95
Sanders, Oswald j. 12
sanidad física, espiritual
y emocional 117,118
santidad 65,76,78,82
Satel, Greg 78
seducción, técnicas de
55,59
seguimiento, preguntas
de 36
sello personal 20,28
sentido de propósito 2
señales de Dios 93
servicio,
a los demás 115
liderazgo de 3,19,20
25,26,27,102
Siclag 66
sistema cognitivo 161
181
situacional, liderazgo
3,16,17,18,19
Smith, Douglas K. 53,54
solución de problemas
18,28
Solution Innovation 56
spoudē, gr 8
Stanford, Universidad
de 110

Subalternos 157
Subversión 7,49,51
Sueños 5,64,94,143,146
super hombre 84,85,110

T

talento(s)
gestión del 9
técnicos 2, 130
identificación del 128
129,130,142,143
temor 37,114,123,134
141,143,153,158
Temperamento 29,134
tendencia natural 36,163
teológicamente 110
teorías y modelos de
liderazgo 18
testigos 70,123,124,148
Timoteo 70,76,79
80,89,115
tipos de conflictos 150
166
títulos universitarios 97
tolerancia 147
toma de decisiones 17
55,147,178,180,181
tonalidad de voz 156,167
toxicidad 150
trabajo armonioso 8,136
trabajo colectivo 54
trabajo duro 36,40,81
113
trabajo en equipo 8,16
28
trabajo
evangelístico 125
intelectual 105
voluntario 8,9
transición en liderazgo 5
transiciones 1
transparencia 55

U

U.S. News & World
Report 81
Uzías 80

V

valores mentalmente
saludables 111
valores, sistema de
136,139,140
venganza 48,49,118,119,
153
Versión King James 8
vida de oración 66-
69,106,115
vida de paz 98
vida de santidad 76
vida disciplinada 2
virtudes cardinales 26
visión
alternativa 177
convincente 112
de liderazgo 7,41,98
espiritual 113,128
pérdida de 3,79,89
viudas 67
voluntad de Dios 41,62,
64,65,84,91,101,105,107,
114,115
Vulnerabilidad 32,96,112

W

Wagner Institute 8
Wagner, Peter 8,12
Warren, Rick 44,99
Wells Fargo Bank 50
Wilding, Melody 32,37
38
World Prayer Center 8

Y

Yale, Universidad de 83
Youssef, Michael 12

www.ingramcontent.com/pod-product-compliance
Lightning Source LLC
Chambersburg PA
CBHW070057080526
44586CB00013B/1095